紅葉に包まれた談山神社《たんざんじんじゃ》十三重塔と藤原鎌足《ふじわらのかまたり》を祀った神廟拝所.
(奈良新聞社提供,「多武峯《とうのみね》・宮瀧の秋を訪ねて」参照)

コスモスの咲く藤原宮跡から畝傍山《うねびやま》を望む.（「大和三山と藤原宮」参照）

秋の仏隆寺《ぶつりゅうじ》．左よりに仏隆寺への石段，その中ほど右側には桜の古木がみえる．春の花ざかりはみごと．

（「女人高野への道」参照）

大和の当麻寺《たいまでら》から河内へ越える岩屋峠《いわやとうげ》にある古代の石窟寺院跡．（「芭蕉《ばしょう》の足跡と当麻路」参照）▶

雪化粧の半坂峠《はんさかとうげ》に立つ「男坂伝称地」の石碑．
「女坂伝称地」の石碑は，桜井市の大峠にある．
（「桜井から大宇陀へ」参照）

私の歴史散歩
直木孝次郎と奈良・万葉を歩く
秋冬

吉川弘文館

目次

夢殿

秋

冬

歴史散歩の楽しみ

秋・冬

歴史上の遺物・遺跡、あるいは寺院・城郭などの建造物や自然が、昔のままでないにしても、のこっている土地をめぐって心を歴史に遊ばせる、というのが歴史散歩であろう。歴史を好むものは、程度の差はあっても、だれもが実行していることである。歴史というものは、教室や図書館や書斎の中だけでなく、野外に出、実地について考えるほうが、身につくように思われるし、事実そうであろう。

だから私も教師になって大学に勤めるようになってからは、つとめて学生を野外の見学につれだした。とはいっても、年を取るに従って校務多端となり、思うにまかせなくなったが、体力のあるうちは冬季見学会と称して、十二月二十日前後、学校がひまになると出かけたりした。近鉄橿原神宮前駅から出発して、葛城山《かつらぎさん》の麓にある一言主神社《ひとことぬしじんじゃ》まで、途中何ヵ所か古墳をめぐりながら、強い西風の吹くなか、約二〇キロ歩いたこともある。

そのころは学生をつれて、社寺・遺跡をめぐるだけで、記録をのこすことは考えなかった。歩いたあとに記録をのこすようになったのは、一九九八年（平成十）一月から、斑鳩《いかるが》を愛する会（斑鳩の文化と環境を守ることを目的とする市民団体）の機関誌『ぽっぽ』に、「奈良を歩く」と題して、歴史散歩を連載するようになってからである。記録は、過去の記憶や他人の文献によるのではなく、必ず自分の足で歩き、目でみたものを書くように心がけた。『ぽっぽ』は隔月刊のミニコミ紙で、二〇〇一年十一月まで二一回連載したところで、休刊になった。二一回のうち一五回までは、私が和島誠一賞を受賞した記念に、二〇〇〇年九月に、私の編著で刊行した『大和の文化と自然』（私家版）に載せた。

それから五年後の二〇〇五年一月より、翌年五月まで吉川弘文館刊の『本郷』に九回（五五号〜六三号）、「私の歴史散歩」と題するエッセイを連載した。『ぽっぽ』と『本郷』の分をあわせると三〇回であるが、『本郷』の分には『ぽっぽ』に載せたものを増補改稿したものが四篇あるので、その重複を整理し、これに新稿二篇（「飛鳥古京」「平城宮跡をめぐる」）を加え、あわせて二八篇で、本書を編修した。

吉川弘文館は、さらに工夫を加え、奈良・大和に関して私の書いたエッセイ四編をおぎない、「秋冬」の巻と「春夏」の巻の二冊に分けて刊行することとなった。

以上が本書の成るまでの経過で、以下、本題の「秋・冬」の「歴史散歩の楽しみ」について述べる。はじめに記したように、過去に実在した遺物・遺構が破壊され腐朽して遺跡となっていっても、それが今に残っているのは、見る人の心を刺激し、想像力を活発化させ、歴史の復原に役立つ。遺跡が失われ、または地下に埋没して形を残していなくても、古い地名が残っているだけで、古代をしのぶ人は感動する。

日本人はむかしからそうしたものを見てまわり、感動して、感慨を述べることを好んだようである。それも一種の歴史散歩だが、奥州藤原氏の栄華を語ろうと中尊寺《ちゅうそんじ》と、源義経の最後の地、高館《たかだち》を訪れるのをクライマックスとする芭蕉《ばしょう》の「奥の細道」は、壮大な歴史散歩である。柿本人麻呂《かきのもとのひとまろ》の近江の荒れた都を歌った長歌をはじめ、志賀《しが》の辛崎《からさき》や淡海《おうみ》の湖をうたった『万葉集』の作品群も、歴史散歩の作品といえなくもない。話が大きくなりすぎたが、私たちのささやかな歴史散歩も、そうした伝統の上に立っているように思えるのである。

芭蕉は和漢の古典にくわしかったようであるが、私たちの場合も、古代の歴史、とくに古墳や宮跡などの遺跡に関する知識があれば、それだけ歴史散歩が楽しくなる。「このあたりに推《すい》古《こ》天皇の小墾田宮《おはりだのみや》があったのか。馬子《うまこ》の嶋の家からは、はなれているが、蝦夷《えみし》の豊浦《とゆら》の家からは近いな」とか、「見瀬《みせ》のこの大きな古墳が欽明《きんめい》天皇の陵だとすると、欽明はなみなみでない権力をもっていたのだろう。天国排開広庭《あめくにおしはらきひろにわ》天皇というおくり名にふさわしいぞ」とか、いろいろ想像の翼をひろげることができる。

とくに奈良の歴史散歩の場合は、古道の知識がほしい。奈良盆地には、七世紀に造られた上《かみ》津道《つみち》・中津道《なかつみち》・下津道《しもつみち》の三道が南北に、横大路が東西に通じている。奈良では近代に至るまで、大規模な土地改造の工事は行なわれなかったので、これらかつての幹線道路はいまも残り、一部は現在も利用されている。そのほか、当麻道《たいまみち》・太子道・山田道・竹内街道など、やはり七世紀の飛鳥時代までさかのぼると思われる道もある。しかも奈良盆地の広さは、せいぜい東西一六キロ、南北三〇キロにすぎず、すこし歩くと古道のどれかに当るといっても、必ずしも誇張ではない。

三輪山山麓の纒向《まきむく》地方へ出かけると、目につく大きな古墳は箸墓古墳《はしはかこふん》であるが、壬申の乱のことを述べた『日本書紀』の天武元年（六七二）七月条に、大海人《おおあま》側の三輪君高市麻呂《みわきみたけちまろ》が「上《かみつ》道《みち》に当りて、箸陵《はしのはか》のもとに戦ふ」とある。たしかにいまも上津道が箸墓古墳の後円部の麓を通過しており、いまから一三三〇年ほど前の戦況を、歴々と想像できる。

散歩の楽しみはいろいろあるが、このように古代の歴史を時を超えて追体験できるのもその一つである。

いままで述べたのは、大和における歴史散歩一般の楽しみである。とくに秋・冬の楽しみは何かと問われると即答に困るが、やはり厳寒期は別として、秋から冬にかけてが、体を動かす野外の散歩に適した季節であることだろう。また厳冬といっても大和の冬は北国や山国とはちがって、息もつまる吹雪に遭うこともなく、流れる川を氷でとざす寒さもない。空気がすみきって遠くまで眺望がきき、むしろ秋とともに歴史散歩に適しているともいえる。

それにくらべて、和辻哲郎《わつじてつろう》の『風土』にいうように、暑さと湿気に満ちたモンスーン地帯に属する日本の夏は、散歩を楽しむには適さない。万葉歌人が、

六月の　地《つち》さへ裂けて　照る日にも　我が袖乾《ひ》めや　君に逢はずして　(巻一〇—一九九五)

とうたうのは誇張だが、

野辺見れば　撫子《なでしこ》の花　咲きにけり　我が待つ秋は　近づきにけり　(巻一〇—一九七二)

と夏のうちから秋のくるのを待っていた。本書第七ページにあげた歌には、

秋風は　涼しくなりぬ　馬並《な》めて　いざ野に行かな　萩が花見に　（巻一〇—二一〇三）

とあって、秋の到来をまちかねて野外に楽しみを求めようとしている。

秋へのこの感覚は、近江大津宮で額田王《ぬかたのおおきみ》が、春山と秋山とのどちらがよいかを問われて答えた歌の終りを、「秋山ぞわれは」と結んで秋をよしとした心にも通ずるのではあるまいか。花の春、深い緑の夏も、もちろんよいけれど、実りと滅びの両方をあわせもつ秋と冬こそ、歴史を考えるのに適した時期といえよう。

秋

秋風は涼しくなりぬ馬並《な》めて
いざ野に行かな萩が花見に
よみ人知らず

散策の途中の著者と夫人。著者自筆の
万葉歌碑とともに。36ページ参照。

多武峯・宮瀧の秋を訪ねて

—山本有三先生と古代—

紅葉の談山神社

はじめて山本先生にお目にかかったのは、一九五四年（昭和二十九）の初夏の頃であった。先生に奈良ホテルに招待していただいたのである。そのことは別に書いたので（拙著『古代史の人びと』吉川弘文館、一九七六年）、ここでは省略するが、古代史に興味をもち、研究を進めておられた先生は、やっと七つ八つ論文を発表し始めたばかりの私からも、古代のことを聞こうとされたのである。

ちょうど、この年の正月から私は二、三の同学の友人とはかって、『続日本紀研究』という小さな雑誌の発行をはじめていた。謄写版《とうしゃばん》刷り、平均二五頁、定価三〇円、創刊号の発行部数は一〇〇冊という、パンフレットのような雑誌であるが、山本先生はその雑誌の名を知っておられ、「どうすれば手にはいる

だろうか」と私に問われた。私は先生の研究の熱心さに内心舌を捲いたが、先生はその発行所が私の家だと知って、たいへんに喜ばれた。

　その年の秋、先生のおともをして大和の史跡をめぐった。私のほかに、奈良教育大学で地理学を専攻しておられる堀井甚一郎教授（当時）も同行された。堀井先生は大和生えぬきの方で、若くして逝った考古学者・森本六爾《もりもとろくじ》と同郷のお友達であると、あとになってうかがった。当日私どもは初対面であった。

　細い道でも通れるようにと、とくに山本先生が注文された小型タクシーに乗って、私たちはまず談山《たんざん》神社へ行った。いまはドライブウェイができて、神社のすぐ近くまで車がはいるが、そのころは参道が寺川の谷を渡る橋の袂《たもと》で車をおり、大きな石垣のあいだの坂道を一〇分ほど歩いて、神社の境内に入り、それから急な石段となる。長身で体格のよい先生は、そうした坂や石段をどんどん登ってゆかれた。七〇に近いお年であったが、うしろ姿に老いの影は感じられなかった。

　先生は石段の上に立って、神域をかざる紅葉の美しさをめでられたが、先生がここを訪ねられたのは紅葉のためばかりではない。その時私はまだ気づいていなかったが、この神社に神として祭られている藤原鎌足に、先生は大きな関心を持っておられたからであった。鎌足に関心をよせられるのは、歴史上に果たした彼の業績からいって当然ともいえるが、先生には特別の事情があった。それは太平洋戦争の直前の昭和十年代に、三度総理大臣を勤めた近衛文麿《このえふみまろ》が先生の親しい友人であったことによる。

先生は旧制第一高等学校（通称一高）のご出身だが——正確にいうと一九〇九年（明治四十二）に入学して、同一二年中退——、入学されたときの同級生に近衛文麿がいた。その近衛から、先生は太平洋戦争末期に伝記の執筆を依頼されるというあいだがらである。そればかりではない。一九四四年七月、近衛が政局打開のため、総理大臣東条英機の暗殺を決意したとき、山本先生を荻窪の自邸へまねいて秘密を打ちあけ、暗殺断行後に発表する声明文の起草をたのんでいるのである。

それは先生自身が、「濁流—雑談近衛文麿—」と題して毎日新聞に連載された文章（のち毎日新聞社から出版）の中で記しておられるので、周知のことであるが、いうまでもなく近衛家は藤原氏の子孫の家がらである。先生は近衛文麿から暗殺計画を打ちあけられた時のことを、つぎのように書いておられる。

なんのことはない。家のご先祖さまは、暗殺のご開山みたいなもんですか

らね。この考えが、きらっと、ひらめいたので、

「それじゃあ、大化の改新をやろうってわけですか」

「そう。そうなんだ」

近衛は、からだを乗りだすようにしてね、すぐ、こう続けました。

「そして、高松さまをいただいて、大転換をおこなうつもりなんです」

近衛文麿と藤原鎌足

近衛文麿のことばに対して、山本先生は、

「すると、鎌足だけじゃあなくて、中大兄《なかのおおえ》の皇子もいらっしゃる。すっかり陣容は整ったわけですね」

と言ったと、著書『濁流』のなかに書いておられる。もちろん近衛文麿を鎌足に、高松宮を中大兄皇子に重ね合わされたのである。


おそらくその対比は、近衛自身の胸中にもえがかれていたであろう。そうして山本先生には碩学《せきがく》南淵請安《みなぶちのしょうあん》を思いあわしていたかもしれない。しかしこの計画はついに未発におわり、以後日本は足早やに敗戦への道をたどるのである。

翌一九四五年八月十五日、破局は現実となって、鈴木内閣はポツダム宣言を受

諾し、全面降伏、同年十二月十六日、かつての宰相近衛文麿は毒を仰いで死んだ。鎌足の光栄につつまれた晩年とは比すべくもない悲惨な最後である。

鎌足は中大兄皇子を助けて権勢きわまりない蘇我氏を亡ぼし、大化の改新を成就させたあと、内臣としてながく帷幄《いあく》に参じ、中大兄が天智天皇となった近江朝廷で、大織冠《たいしょくかん》という宮中第一の位をえ、六六九年（天智八）五十六歳にして逝去する。どこまで政治の実際に関与したか、史書の語るところは簡略で、真相を明らかにすることはむつかしいが、天智天皇の政治の基礎を固めた功績の第一は、彼に帰すべきであろう。

一方、鎌足の直系の末裔《まつえい》文麿は、三度までも首相として内閣を組織し、天皇を輔佐するが、不幸にして事、志とちがって、軍部の横暴を抑えることができず、さきには日中戦争をひきおこし、のちには太平洋戦争の原因をつくり、日本敗戦の責任を負って、みずから命を絶った。かぞえ年五十五歳、鎌足とはわずか一つ違いの寿命であった。

彼を思い、これを思えば、私でさえ二人の運命の類似と相違のいちじるしさに、一種の感慨が湧くのを禁ずることはできない。まして近衛文麿から直接クーデターの秘密を告げられ、さらに伝記の執筆を依頼された山本先生が、鎌足

の生涯に深い興味をよせられるのは当然である。ちょうど私たちが談山神社をおとずれたのは仲秋のころ——十月二十一日であったが、鎌足が没したのは旧暦ながら同じ十月の十六日のことであったと『日本書紀』にみえる。紅葉にはえる社殿を仰ぎながら、山本先生は大化の改新以来、つねに中大兄皇子の側近にあってこれを補佐した藤原鎌足の姿に、近衛文麿のおもかげをダブらせて、歴史の流れに思いをはせておられたのであろう。

　私たちはそれから神社の宝物を拝観し、境内を一巡して神社を辞去し、ふたたび車上の人となり、寺川の谷を下った。谷を下って倉橋の集落にはいると、道の左手に崇峻《すしゅん》天皇の陵がある。車を降りて参拝した。この陵は古代の他の天皇陵と伝えられる古墳の多くが壮大な規模をもっているのとはことかわり、どこにでもある小さな藪をかこった程度の貧弱な一郭である。倉橋の金福寺に天皇屋敷とよばれる一郭があり、それが崇峻陵に治定されたのである。『日本書紀』によると、崇峻天皇は蘇我馬子に暗殺され、即日、倉梯岡《くらはしのおか》に葬られたという。いま治定されているこの陵が、本当に崇峻のそれであるかどうかは疑問だが、不幸な運命の天皇であったことは事実のようだ。

　参拝をおえた先生は、「お気の毒だ」とポッツリつぶやかれた。やはり明治

の人だなあ、と私はその時思ったが、いま思いかえしてみると、崇峻天皇ひとりの死を歎かれたのではなく、入鹿《いるか》や蘇我石川麻呂や有間皇子をはじめとして、時代の波間に浮沈する人びとの悲劇を頭に思い描いておられたのかもしれない。私たちはそれから吉野へ向かった。

吉野宮瀧の川辺で

吉野と藤原鎌足とは直接の関係はないが、鎌足が政界をリードした大化の改新から近江の朝廷への時代に関心をもつものにとって、吉野は忘れることのできない土地である。

まず第一に、ここは中大兄皇子の異母兄で、中大兄と皇位を争う立場にあった古人大兄《ふるひとのおおえ》皇子が非業の死をとげたところである。彼は蘇我馬子の娘から生まれ、蘇我氏の権力をバックにしていたから、入鹿暗殺にひきつづく蘇我本宗家の滅亡によって、政界での地位はきわめて不安定なものとなる。彼は入鹿の殺された翌々日、髪をおろして僧形となり、吉野の山に入って危険を避けようとするが、その三ヵ月後に中大兄皇子のさしむける討手によって命を失った。

もう一度吉野が史上に大きく浮び上がるのは、いうまでもなく壬申の乱に関

係してである。大化の改新から二十余年をへた天智天皇の治世の末年、天皇はいままで同母弟の大海人《おおあま》皇子を皇太弟として自分の後継者の地位にすえていたのに、にわかに実子の大友皇子を太政大臣に任じ、皇位をつがせる意志を明らかにした。鎌足が死んで二年目の六七一年正月のことである。その年の十月、身辺に危険が迫ったことを知った大海人皇子は、古人大兄と同じく髪を剃って出家し、妃の鸕野《うの》皇女その他少数の従者をともなって吉野に隠れ住む。しかし今度は天智（中大兄）が大海人皇子をたおすいとまもなく、同年十二月に病死し、翌壬申の年六月に大海人は兵を挙げて近江の朝廷を覆《くつがえ》し、大友皇子は自殺、そうして大海人皇子は即位して天武天皇となる。吉野はその策源地ともいえるが、同時に歴史に流されてゆく人間の運命というものを、つくづくと考えさせられるところである。

　山本先生が私たちと吉野をめざされたのは、やはり古人大兄の変と壬申の乱との関係を頭におかれてのことにちがいなかった。古人大兄や大海人の隠棲《いんせい》した地は明らかではないが、上市《かみいち》から吉野川に沿うて数キロのぼった宮瀧付近とする説が有力なので、私たちもそこへ向かった（その後の発掘調査で、宮瀧付近であることは、ほぼ確定した）。

『日本書紀』には、大海人皇子は飛鳥の嶋の宮で一夜を明かして吉野にはいったとある。飛鳥川をさかのぼって芋峠を越えたか、または檜隈《ひのくま》川の方からいまの高取町のあたりを通り、壺坂峠を越えたかであろう。一九五四年には芋峠への道は車はとても通らなかったので、壺坂峠越えに車を走らせたが、壺坂寺の上手あたりまでゆくと道が細くなり、前進は不可能であった。やむなく引きかえし、芦原峠のトンネルを抜ける道に迂回《うかい》して、吉野の谷にはいった。

こうしたことに手まどっていたので、目ざす宮瀧についた時は、秋の太陽は西に傾き、吉野川の清流に山の影がこく落ちていた。私たちは暮色のせまる川原におり立ち、また岸辺の岩にのぼり、しばらくそれぞれの思いにふけった。

六四五年（大化元）から鎌足の死ぬ六六九年まで二五年、中大兄すなわち天智天皇と鎌足の苦心の成果である近江朝廷は、その三年後に壬申の乱で亡びる。『懐風藻《かいふうそう》』の序文に「時に乱離を経て、悉く煨燼《わいじん》に従う」とあるが、兵火によって文字通り灰燼に帰したのであろう。先生はここでも、太平洋戦争のために、明治・大正・昭和の三代の文化をあつめた東京が焼けはてたのをはじめ、全国の大都市の多くが焦土となり、つづいて近衛文麿が自殺したことを、近江京が燃え、大友皇子が自殺したことと比べあわせておられたのではないかと思われ

る。関東に生まれ、明治以来の三代を生きてこられた先生の、東京潰滅によせる感慨は、関西に生まれた若い私よりずっと深いものがおありであったろう。

歴史の大きな歩みの前に、人間の営みはいかにもはかないが、しかし結局人間によって歴史は作られてゆく。その歴史と人間をどのように組あわそうとしておられるのか、山本先生の胸中は知るべくもないが、先生は吉野川の岸辺でも、近江朝廷の没落をひとつのクライマックスとする歴史小説の構想をあたためておられたにちがいない。そののち私に語られたことからすると、その小説は鎌足と中大兄を中心とするものと思われた。

想像を許していただけるなら、先生はその小説のなかに、近衛文麿をいたみ、かつての東京を惜しむ心で、近江朝廷の最後をえがこうとしておられたのではあるまいか。それは柿本《かきのもとの》人麻呂《ひとまろ》が「近江の荒れたる都」を歌った心にも通ずると思われる。それだけに先生の小説が、着手されないままに終ったのはこの上もなく残念である。せめて構想の一部だけでもうかがっておけばよかったが、それはこの頃になってやっと気のついたことである。吉野にお伴した時は、そこまで考えが及ばなかった。私たちは堀井先生に記念の写真を撮っていただいて、帰途についた。

大和三山と藤原宮

藤原宮跡から耳成山を望む

大和三山といえば耳成《みみなし》・香久《かぐ》・畝傍《うねび》の三山だが、『万葉集』巻一―一三に「中大兄の三山歌」として、次の歌がある。

香久山は　畝傍を惜しと　耳成と　相争ひき
神代より　かくにあるらし　古《いにしへ》も　然《しか》にあれ
こそ　うつせみも　妻を　争ふらしき

二句目は「畝傍雄々し」とも読め、女の香久山が男の畝傍山をしたうのか、男の香久山が女の畝傍山を愛するのか、議論のやかましい歌である。三山を藤原宮を囲んで鼎立《ていりつ》する山として歌った「藤原宮の御井の歌」も有名である。今回はこの三山と藤原宮大極殿《だいごくでん》跡を一日でまわる計画で、散歩としては距離は長く、高低も多い。

その心構えをして出発する。

耳成山から藤原宮へ

九時半に近鉄八木駅で下車、線路の北側の道を線路と平行に東へ行く。五、六分も行くと家がまばらになり、めざす耳成山が左前方に見えてくる。駅から一五分で、池のある小公園（耳成山公園）に着く。公園の北に耳成山への登山口がある。登山道はよく整備され、ゆるやかな傾斜で山を巻くようにして、登山者を山頂に導いてくれる。

耳成山の標高は一四〇メートルで、三山中もっとも低い。麓からの高度差は約七〇メートル、二〇分で頂きに着く。山頂のすぐ下に式内社の耳成山口神社がある。こんな山の中にと思うような品格のある社殿で、拝殿には一八五五年（安政二）の年紀のある五条橋の牛若丸の画像など、大きな絵馬が奉納されている。頂上の眺めは、五年前に来た時は台風で木々がなぎ倒された直後で、すばらしかったが、いまは木が茂って視界はだいぶさえぎられている。帰りは登山道の途中から左に下る細い道をおりて行ったら、山の西北の麓に出た。そこに石を組んだりっぱな井戸があり、「大師井戸」と名づけて、弘法大師を祭っていた。

▲耳成山口神社の絵馬

▲海犬養門跡

▲醍醐の集落

藤原宮大極殿跡

山の麓をまわって耳成山公園にもどり、池の東の道を南へ行く。すぐに近鉄線を越え、すこし行くと東西に通ずる街道につき当る。飛鳥時代に造られた最古の官道といわれる横大路の後身である。街道を西へ約一〇〇メートル行くと南への道がある。それを南下して国道一五六号線を渡り、JR桜井線を越えると、醍醐《だいご》の集落に入る。かつては環濠《かんごう》聚落《しゅうらく》として栄えたといわれるが、今も白壁の宏壮な家がいくつもあり、風格を残している。聚落の南端に近く、海犬養《あまのいぬかい》門跡がある。藤原宮の北の門の一つでここから南が宮内である。門跡の東南方面に醍醐池という池があり、めざす藤原宮大極殿跡は池のすぐ南にある。

大極殿跡は、かつては地名によって高殿遺

八釣山地蔵尊

天香久山

跡と呼ばれていた。大極殿跡と確定したのは、一九三四年（昭和九）にはじまる日本古文化研究所の発掘調査による。現在は大極殿跡を含む藤原宮跡の大部分は国有地となっているが、整備は平城宮跡ほどには進んでおらず、戦前の旧態を残して懐旧の情をそそる。ただし大極殿の土壇を覆っていたかつての松林は枯れて、楠などの照葉樹に変わった。時刻は一一時半ごろ。少し早いが弁当にする。大極殿跡よりすこし東へ出た方が、大和三山がよく眺められる。

天香久山から畝傍山へ

次は大極跡殿の東方の天香久山。大極殿跡の東南近くにある高殿の集落を通り抜け、南北の道へ出ると下八釣《しもやつり》の集落があり、「八釣山地蔵尊」という大きな看板の出ている所を東へ入る。少し行くと「天香久山埴安池伝称地道」という石柱があるが、そこをまがらずになお二〇〇メートルほど行き、広い道に出たところを南へ行く。古代の中つ道の跡である。南正面の香久山に向かって道はゆるい坂になる。

天香久山より畝傍山を望む

出屋敷の集落を過ぎ、小さな池の西側をまわると、左に天香久山神社がある。神社に入り、二つめの鳥居のわきを右に登る道が登山道で、一〇分余りで頂上だが、坂はかなりきつい。坂の苦手《にがて》な人には、さきほどの道を二、三〇〇メートル行き、左へ登る道をおすすめする。この道からの大和国中《くんなか》の眺めもなかなかよい。

標高一五二メートルの山頂には国常立神《くにとこたち》と高龗《たかおかみ》の小さな社がある。木は茂っているが、畝傍山の方角だけはすかしてあって、秀麗な山容を望むことができる。

下りは南の南浦への道を取り、南浦の聚落の南へ出て、西に向かう。正面前方に最後の目的地、畝傍山がそびえている。南へ四〇〇メートルほど行けば大官大寺跡があるが、見に行く余裕がない。畝傍の山麓まで、坦々たる道だが約三キロある。すこし行くと、やはり白鳳期の紀寺廃寺跡が道の北にあるが、これも時間の関係で立ちよらずに行く。西北へ流れる飛鳥川に会う。流れに沿って西北に行き、飛《ひ》騨《た》の集落の南で橋を渡り、ふたたび西行すると、城殿《きどの》の本薬師寺跡が左側にある。これは一見するのがよい。東塔と金堂の跡には礎石が整然と残る。

ここまで来ると、近鉄畝傍御陵前駅は近い。駅の地下道を通って、駅西口へ出る。西南少しの所にある橿原考古学研究所の北側を西へ進むと、橿原神宮の神苑の入口の大鳥居がある。鳥居をくぐって参道を少し行き、右に入る。芝生の庭園があり、第十三期海軍飛行科甲種予科練習生を記念する「殉国の碑」がある。甲種予科練は旧制中等学校からの者で、十三期の総数二万八千、戦死六千数百名という。戦時中、私が予備学生出身の海軍少尉として訓

本薬師寺東塔跡

本薬師寺金堂跡

育に当ったのが、十三期・十四期の予科練である。謹んで碑の前で黙禱《もくとう》する。

庭園の奥に畝傍山への登山道の入口がある。標高一九九メートル、三山中もっとも高い。はじめのうちはゆるやかで、だんだん急になるが、季節が晩秋であったので汗ばむ程度だった。所要約三〇分。戦時中は神聖な山として登山は禁止され、山頂にあった式内社の畝傍山口神社も、西の麓に移された。辿《たど》りついた山頂には基壇だけが残っていた。

殉国の碑

下山は移建された畝傍山口神社への道もあるが、橿原神宮へ下る道もあり、遠まわりだが一番緩かである。下りきった所は先程の登山口の近く、時刻はほぼ四時であった。三山めぐりの結論としては、香久山が女山、畝傍山と耳成山とが男山と私には思われる。

（二〇〇四年十一月）

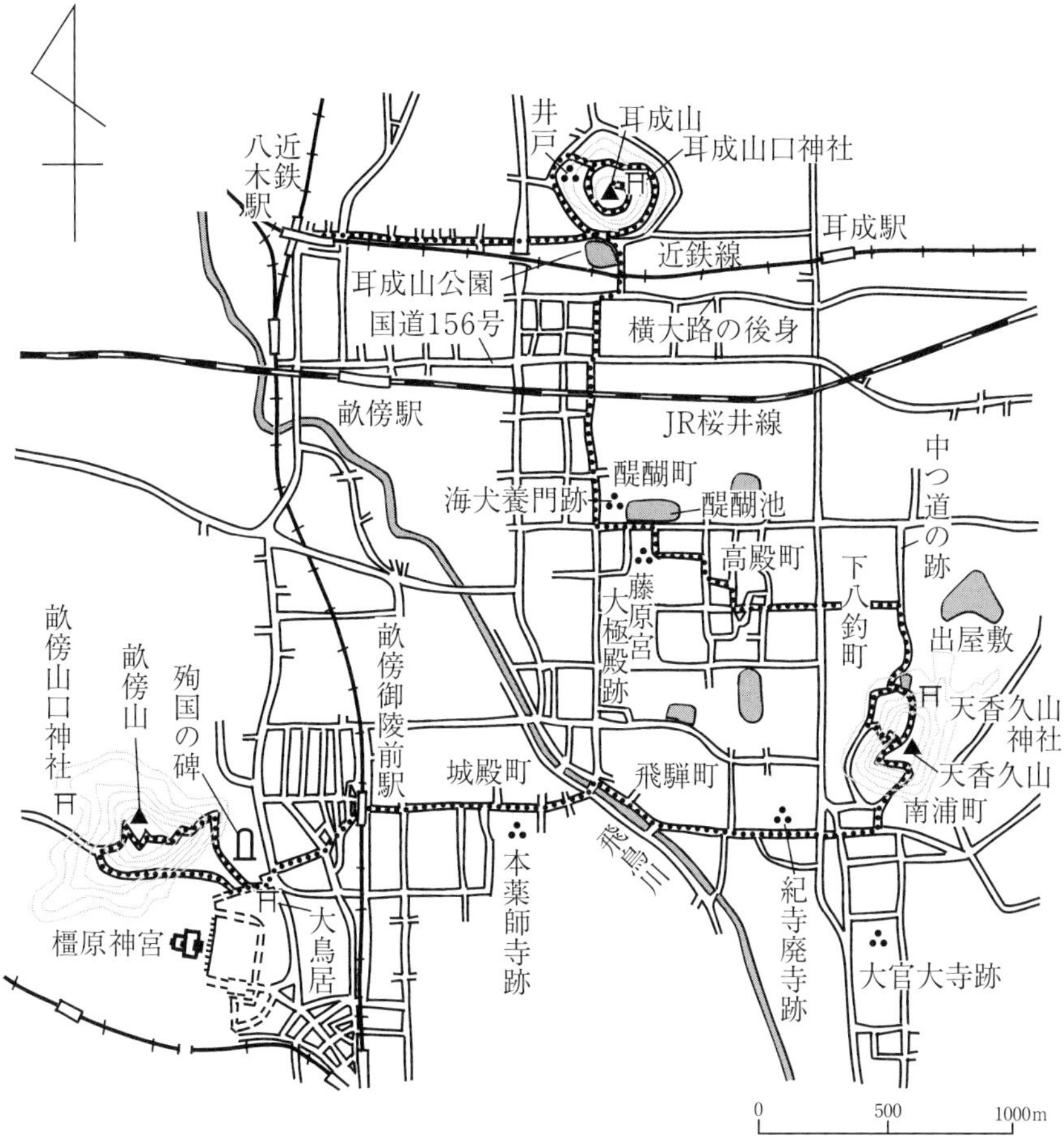
耳成山
井戸
耳成山口神社
近鉄八木駅
耳成駅
近鉄線
耳成山公園
国道156号
横大路の後身
畝傍駅
JR桜井線
中つ道の跡
醍醐町
海犬養門跡
醍醐池
高殿町
下八釣町
藤原宮
大極殿跡
出屋敷
畝傍山口神社
畝傍山
殉国の碑
畝傍御陵前駅
天香久山神社
城殿町
飛騨町
天香久山
南浦町
本薬師寺跡
飛鳥川
紀寺廃寺跡
橿原神宮
大鳥居
大官大寺跡
0
500
1000m

歴史散歩地図

金剛登山

高宮廃寺・葛木神社・高天道

金剛山を望む

金剛山は標高一一二五メートルで、奈良盆地をめぐる山々では一番高い。摂津の六甲山が九三二メートル、山城の比叡山が八四八メートルであるから、大峯・大台や伊勢との界の山々を除くと、畿内では高山の部類にはいる。山容もまた高山の風格がある。

御所《ごせ》市東南部に位置するが、古い行政区画では葛城上郡（南葛城郡）に属する。金剛山の名は、山中にある金剛山転法輪寺の山号に由来するといわれるが、仏教伝来以前は葛城（葛木）山と呼んだにちがいない。『古事記』や『日本書紀』に雄略天皇が葛城山で狩りをして、猪に追われたり、一言主神《ひとことぬしのかみ》に出会ったりする伝説があるが、記紀が編まれていたころの人びとは、伝説の舞台はいまの葛城山ではなく、もう一段高くて奥ぶかい金剛山の方と考えていたであろう。役《えんの》小角《おづの》や僧道鏡が修行したのもこの山である。古代史に関心を持つものの一度は登るべき山である。

とはいっても相当の高山である。簡単には登れない。私も四十歳代に一度、御所市名柄《ながら》あたりから登ったことがあるだけだ。今回はそれより約五キロ南の西佐味《にしさび》から登ることにした。ここからの登山道に近接して、白鳳・天平時代の山岳寺院である高宮廃寺跡が存するからである。

十月十四日快晴、朝自宅を出、近鉄橿原神宮前駅で若い友人の池内健次君と合流、もう一度尺土《しゃくど》で乗り換えて御所駅についたのは九時三四分だった。本当は九時四分着の予定だったが、ウッカリ電車をまちがえて三〇分遅くなった。御所からは五条市行きのバスで風の森か東佐味で下車してもよいが、それでは登山口まで徒歩三〇分余りかかるのでタクシーを利用、西佐味に着いたのが九時五五分。気を引き締めて歩き出す。

西佐味

高宮廃寺跡から金剛山山頂へ

しばらく登ると杉・檜の植林の中にはいる。約三五分で高宮廃寺跡の案内板のある所に着く。案

金剛山登山口

高宮廃寺跡に立つ著者 ▶

内板の下に廃寺跡への道標がある。それに従って杉林の中を斜めに一〇〇メートルほど行けばよい。五、六年前に来た時はそれですぐに廃寺跡へたどりついたのだが、今回は道標が小さいために見落として、廃寺跡を見つけるのにちょっと手間どった。調査報告書によれば、金堂と塔の跡に合計四十数個の礎石が残っているのだが、多くは藪に覆われ、確認できるのは一〇個内外である。『日《に》本《ほん》霊《りょう》異《い》記《き》』によれば百済の僧円勢《えんせい》が止宿したとあり、行基も若い時ここで修行したと伝えられている。ただし礎石は奈良時代である。「史跡高宮廃寺跡」の碑が立っている。

金剛登山はこれからが本番である。登山道は案内板の所から二〇〇メートルほどもとへ戻って右へはいるのだが、その道を示す道標が明確でないことと、現地に実在するのに二万五〇〇〇分の一の国土地理院の地図にも記入されていない道があることのために、登山道を見つけるのに一時間以上、杉林の中を彷徨した。

やっと見つけて登ること約三〇分で石寺跡という遺跡を通過。経塚も発見されており、道の左手に説明板がある。そこから少し登った所でおそい昼食を取る。一時二〇分になっていた。もう道に迷うことはないが次第にけわしくなる。七曲八折の急坂である。やっと登り切って出

経　塚

七曲八折の急坂

雄略天皇お狩り場

葛木神社

た所が伏見峠で、標高九八〇メートル。山頂へ通ずる尾根筋で、整備されたりっぱな道がついている。その道を山頂へ向かう。ピクニック広場とか展望台とか、山を楽しむ設備もいろいろある。大阪府は他に高い山がないから、金剛山を特別に大切にしているのであろう。「雄略天皇お狩り場」という説明板もある。

高天への道

葛木神社から高天の集落へ

一ノ鳥居をくぐり、三時一五分ついに山頂の葛木神社に到着。登山客はたいてい下山にかかり、杉の大木の茂る中で神社はひっそりとしていた。私たちも休憩をそこそこに、下山にかかる。一ノ鳥居を左にはいり、五、六分で右へ、高天《たかま》への道を下る。日がかげって薄暗い杉林の中、石ころの多い急傾斜の道が二、三〇分つづく。傾斜が緩んでも、滑りやすい危険な箇所がいくつもある。一時間あまり下って膝がガクガクしてくるころ、小川を渡ってやっと広い道に出る。さらに一〇分ぐらい下ると、高天の集落が見えてくる。これで一安

葛城古道

高天彦神社

心。道ばたで休憩して、五時ごろ高天の村にはいる。式内高天彦神社や高天寺跡などのある豊かな山村であるが、夕暮れが迫っているので素通りし、東へ向かってドンドン下る。暗くてよくわからないが、北窪・林などの集落を通過したのであろう。御所へのバス道へくだりついたのは六時少し前。幸いなことに鳥井戸のバス停はそこから一分、おまけにバスは六時三分に来た。

金剛登山は無事に終わったが、八十二歳の老人には相当手ごわい山だというのが実感である。

（二〇〇一年十月）

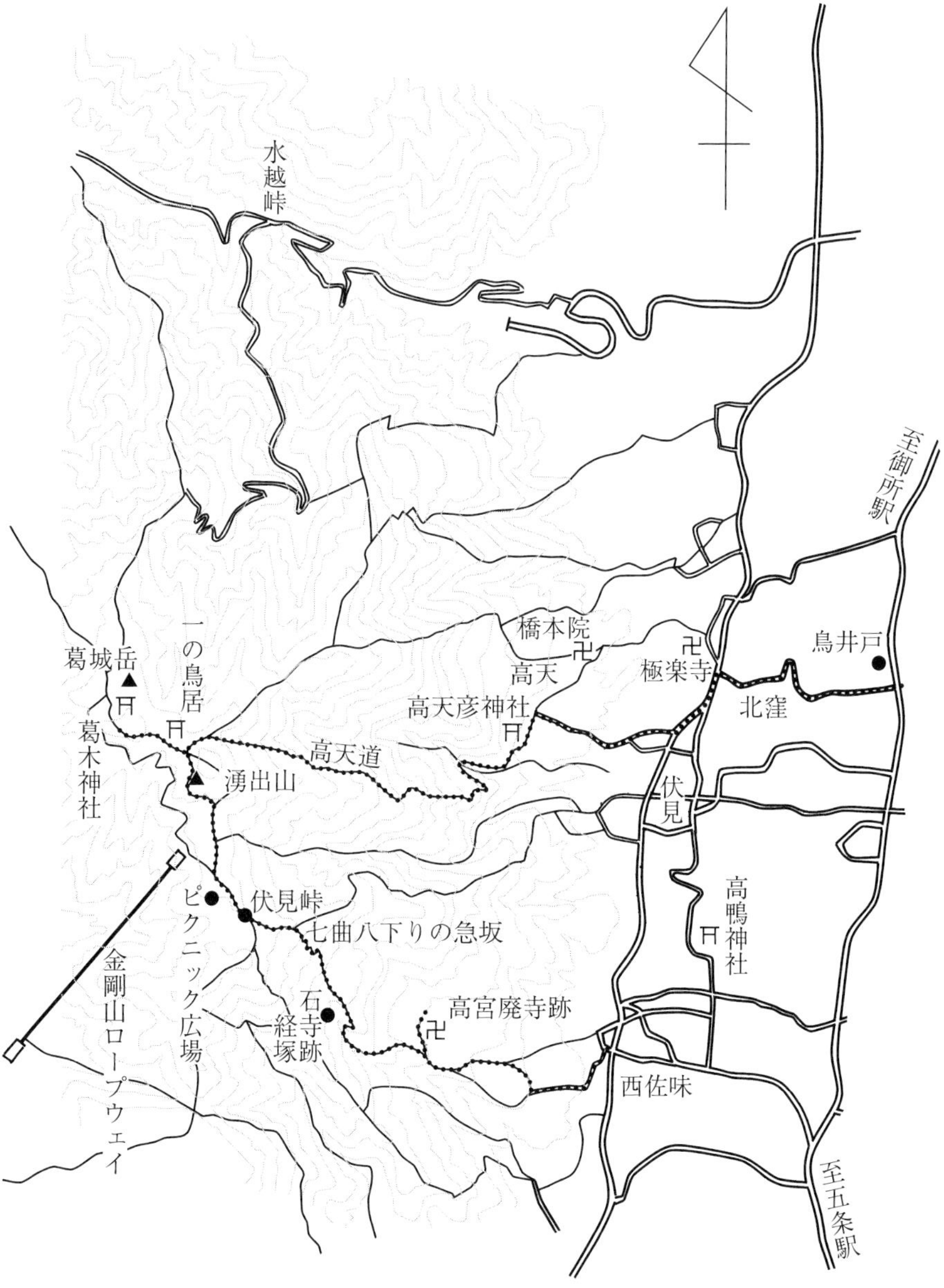
水越峠
至御所駅
橋本院
鳥井戸
極楽寺
高天
高天彦神社
北窪
葛城岳
一の鳥居
葛木神社
高天道
湧出山
伏見
ピクニック広場
伏見峠
七曲八下りの急坂
高鴨神社
金剛山ロープウェイ
石寺跡
経塚
高宮廃寺跡
西佐味
至五条駅
0
500
1000m

歴史散歩地図

カラト峠からの眺望

今回は奈良盆地の東南の山中にある壬申の乱の将軍、文忌寸《ふみのいみき》祢麻呂《ねまろ》の墓を訪い、そのあと、標高七二〇メートルの峠をこえて室生《むろう》寺に至る行程約一二キロのコースを歩く。歴史散歩としては健脚向きである。弁当と水筒を用意して出発。十月中旬の好晴の日であった。

九時三〇分、近鉄八木駅で京都方面から来る友人と落ちあい、同三三分発の青山町行急行に乗る。桜井をすぎ、初瀬《はつせ》の谷をすぎて、十数分で榛原《はいばら》に着く。榛原は近くに大和から東国へ向かう関門の墨坂《すみさか》峠があり、古代以来の交通の要地である。最初の目的地の文祢麻呂の墓はこの地の東南にある。駅前でバスの時間を調べると一〇時一五分の曽爾《そに》村役場前行があり、それに乗って高井の南の新堂芝で下りてもよいが、今日は前途が長いので、タクシーを利用する。

祢麻呂の墓から仏隆寺へ

タクシーはしばらくは宇陀《うだ》川に沿う。もとは墨坂神社の前を通ったが、今は対岸の新道をしばらく行ってから川をわたる。やがて宇陀川の支流の内牧川に沿ってさかのぼって行く。この道は伊勢本街道で、曽爾村・御杖《みつえ》村を経て伊勢へ通ずる。その宿場の一つの高井をすぎ、新堂芝で街道から右へはいり、約一・五キロ行った字八滝の五社神社の鳥居の前で下車。ここでタクシーを返す。車は祢麻呂の墓の下まではいるのだが、運転手は行ったことがないらしい。私も周辺のようすがわかるので歩くことにする。墓まで約〇・五キロである。ところがこの〇・五キロが案外の急坂で一汗《ひと》かかされた。墓はかなりの山奥にあるのだ。

文祢麻呂（書根麻呂とも）はもと大海人皇子の舎人《とねり》で、壬申の乱に従軍して戦功があり、七〇七年（慶雲四）に没すると

文祢麻呂の墓

文忌寸馬養の歌碑

き正四位上を贈られた。もと河内の豪族であったと思われる彼の墓がなぜ宇陀郡の山奥にあるのか不審だが、一八三一年（天保二）に「壬申年将軍左衛士府督正四位上文祢麻呂忌寸（下略）」と刻した銅版墓誌が銅箱にはいって出土し、現在国宝になっている。一九八一年（昭和五十六）、榛原町教育委員会と橿原考古学研究所が発掘調査を行い、木炭を敷き、粘土で覆った火葬墓の遺跡を検出した（国指定の史跡）。今、遺跡は登って行く道の右側の山の南斜面に整備・復原され、中央に一辺約二メートル、高さ七〇センチほど方形に石を積んだ塚が造られている。そこからは南方に高見山に連なる吉野川源流の山々が眺められる。

墓の一段下に祢麻呂の同族と思われる文忌寸馬養《うまかい》の歌（『万葉集』巻八―一五八〇）の碑が建つ。

さを鹿の　きたち鳴く野の　秋萩は　露霜おひて　散りにしものを

仏隆寺への分岐点

歌碑の書は恥ずかしながら著者である。

　もと来た道を引き返す。五社神社の鳥居から約一キロのところに龍泉寺という寺がある。一八三一年の出土から一八七九年（明治十二）に帝室博物館に移管するまで、墓誌やその他の出土品を保管した寺である。地図では道路のすぐ西側に寺院の印（卍）が記されているが、実際には急坂を約一〇〇メートル登ったところに所在する。明治初年に堺県令税所《さいしょ》篤が筆を執った文祢麻呂の記念碑が、本堂の前に建っている。

　祢麻呂の墓の見学でだいぶ時間と体力を費したが、これから峠を越えて室生寺である。まずその参詣路の起点の高井へ足を進める。宿場町の風情の残る高井へ着いたのは正午に近かった。室生への分岐点には、「左室生山女人高野」などと刻んだ古い石の道標が建つ。上方《かみがた》から室生寺へ参詣する女性にとって、この道が室生詣での本街道であったのだろう。高井は標高約三五〇メートル、峠との高度差は三七〇メートル、距離は約二・五キロである。

堅恵を祀る石室

仏隆寺十三重の石塔

この道を登って行くと、約一・五キロで仏隆寺がある。八五〇年（嘉祥三）に空海の弟子堅恵《けんね》の建立と伝えられ、近年は桜の名所として有名で、車はここまではいる。ただし寺は道から二〇〇段近い石段の上にある。入山料一〇〇円。境内には椅子・机があり、弁当を開く。食後、本堂のうしろにある堅恵を祀る仏龕《ぶつがん》状の石室と、一三三〇年（元徳二）の銘のある十三重の石塔を見る。前者は国の重要文化財。

カラト峠から室生へ

一時すぎに出発。いよいよ山道となり、傾斜も加わるが、迷う心配のない一本道である。秋の深まるころには紅葉が美しいと思われるが、十月中旬では木々はまだ色づいていない。峠まで約三〇分。ところがやっと辿《たど》りつくと、室生側からりっぱな自動車道が峠まで

▲室生の町

ついていて、深山の気配はたちまちうすらいだ。以前に来た時は休み小屋などがあったが、今はそれもなく、俗了《ぞくりょう》された気分である。そのかわり、峠からの下り道はとても歩きよく、どんどん捗《はか》どる。文明の利便と自然の美しさの両立はなかなか難しい問題である。

ただ、今のところは道路が未完成で貫通していないため、自動車の運行はまったくなく、のんびり歩けるのは幸いであった。やがて眼下に室生寺が見えてくる。四・五キロの道を一時間半で下り、室生の町を一望できる小公園でひと休みする。そこから五分くらいで室生寺の門前に着く。三時一〇分であった。

時間の関係で寺の拝観は割愛《かつあい》し、寺の門前を流れる室生川の上流約六〇〇メートルにある式内社の室生龍穴《りゅうけつ》神社へ行く。神社は鬱蒼《うっそう》と茂る杉の木立ちの中にある。さらに一キロほど谷の奥に龍神の住む洞穴があるというが、それも割愛する。古くから祈雨の神として崇敬され、『日本紀略』には八一七年（弘仁八）に室生山に雨を祈ったとある。室生寺はこれより早く七七七年（宝亀八）、山部親王（のち桓武天皇）の病気平癒《へいゆ》を室生山で祈ったのにはじまると言われるが、龍穴神社が先で、室生寺はその神宮寺として成

室生龍穴神社

大野寺対岸の磨崖仏

立したともいう。

大和の南部には多雨の山岳地域を中心に龍神信仰がひろがっていたようである。午前中に参詣したのも龍泉寺だが、吉野郡にも龍泉寺・龍川寺があり、竜門岳がある。飛鳥の岡寺は龍蓋《りゅうがい》寺とも呼ばれる。その信仰の中心のひとつが室生谷にあったのだろう。

室生寺の門前に引き返し、四時一五分のバスで近鉄の室生口大野駅へ出る。駅の手前にこれも桜の名所の大野寺がある。大きなしだれ桜があり、かつてみた満開のみごとさは、いまもまなうらに残っている。室生川を隔てた対岸の岩壁に彫られた弥勒菩薩像は、バスの窓から眺めることができる。

（二〇〇五年十月）

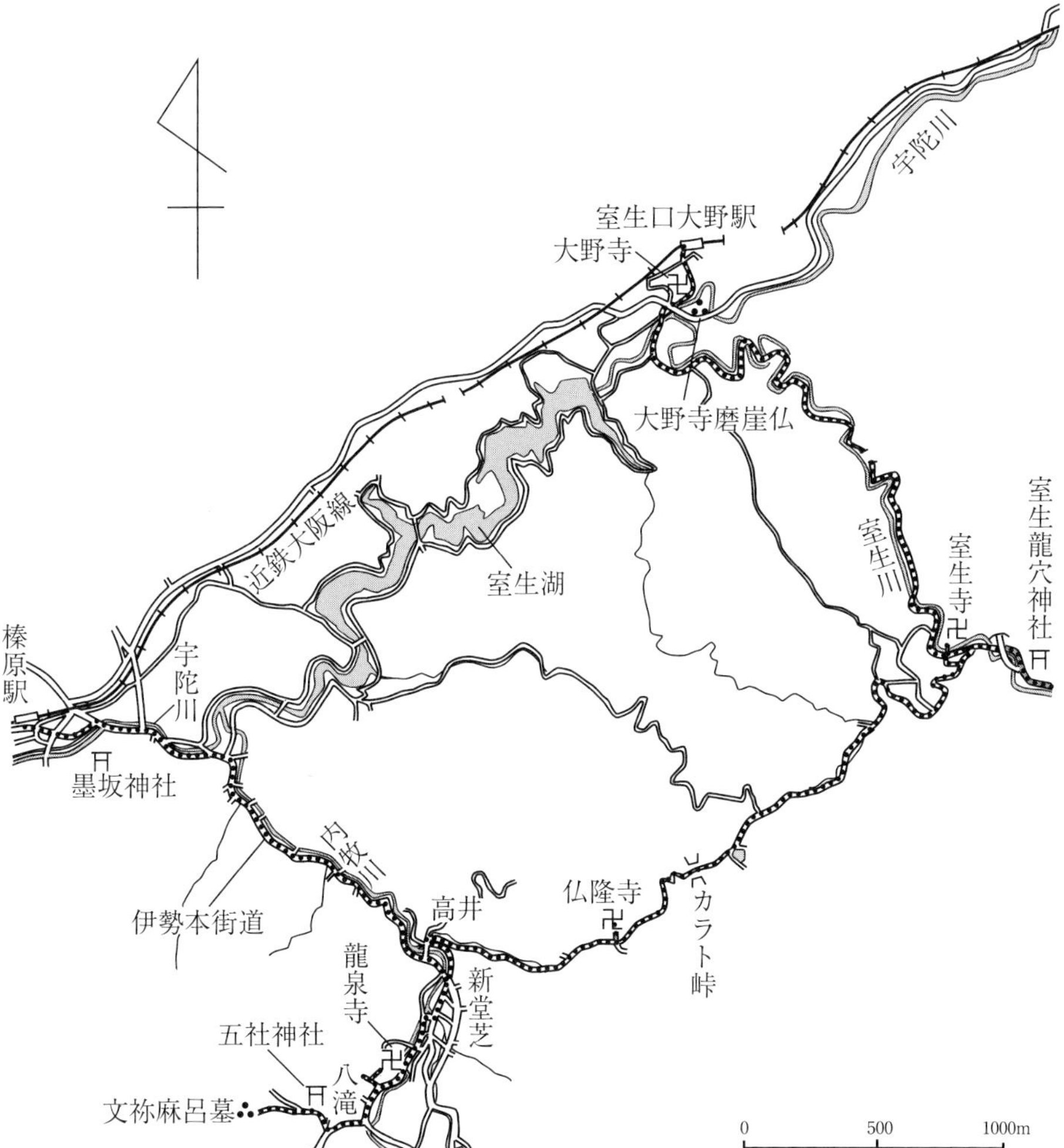
宇陀川
室生口大野駅
大野寺
大野寺磨崖仏
近鉄大阪線
室生湖
室生川
室生寺
室生龍穴神社
榛原駅
宇陀川
墨坂神社
内牧川
伊勢本街道
高井
仏隆寺
カラト峠
龍泉寺
新堂芝
五社神社
八滝
文祢麻呂墓
0
500
1000m

歴史散歩地図

都祁の山道と毛原廃寺

三陵墓より都祁村方面を望む

奈良盆地の東の山地にひろがる大和高原の中南部の地域を都祁《つげ》（介）野という。『和名抄』にみえる山辺郡都介郷を中心とする地域であろう。闘鶏とも書く。『日本書紀』には仁徳六十二年に額田大中彦皇子が闘鶏に猟《か》りに行き、氷《ひ》室《むろ》を見た話がある。都祁の氷室のことは、『延喜式』や長屋王宅出土の木簡にも見えるが、それとともに古代の都祁で有名なのは、現在の都祁村の中心の針に近い甲《こう》の岡《おか》にある小治田朝臣《おはりだのあそん》安麻呂《やすまろ》の墓である。一九一一年（明治四十五）に七二九年（神亀六）二月の年紀をもつ墓誌が出土し、一九五一年（昭和二十六）に発掘調査が行われた。

この地域のもう一つ著名な遺跡は、大和高原の東部、行政区画は山添村毛原《けはら》にある毛原廃寺である。南面する斜面の畑の中に巨大な礎石が約六〇個残存し、規模は奈良の薬師寺に匹敵する。それなのに古代の文献にはこの寺のことは一切記されていない謎の寺である。私はこの二つの遺跡――安麻呂の墓と毛原廃寺――を何度か訪ねたことがあるが、いつも車を利用した。いつか二遺跡をつなぐ道を歩いてみたいと思っていた。十月中旬、長い残暑が終わり、爽涼の季節となったので、懸案を実行に移した。

甲の岡から染田天神へ

近鉄を八木で乗り換え、榛原《はいばら》駅で下車したのは九時一二分。もとは都祁へ行くには、天理駅前からバスに乗ったが、近頃はバスの回数が極端に少ないので、榛原からタクシーに乗る。目ざすのは甲の岡の安麻呂の墓だが、その西北の大字友田の小字堀越というところまで行って下車する。

七四〇年（天平十二）十月に聖武天皇が

堀越頓宮跡の碑

小治田安麻呂の墓

三陵墓西塚

平城京を出て伊勢に行幸した時、山辺郡竹谿《つげ》村の堀越の頓宮で第一夜を明かし、翌日伊賀国名張郡に到ったと『続日本紀』に見える。聖武は都祁の高原の道（都祁の山道）を取って伊勢へ行った。その道を探ることも、私の目的の一つなので、頓宮を置いた所と思われる堀越の地を今日のスタート点としたのである。

頓宮の跡はまだ発見されていないが、道の傍らに「大倭国都祁山道跡」と記した標柱が立っている。つぎの目的の安麻呂の墓は、堀越の東南約一キロ、甲の岡の南の麓にある。草の茂るなかに標柱や記念碑が三基立っている。私も参加した四八年前の一九五一年の発掘調査のことが懐かしく思いおこされる。

暫時休憩して一〇時三〇分出発。墓の南約二〇〇メートルを東西に通ずる街道を東へ行くと、一〇分ぐらいで道の左（北側）にみごとに復原された円墳と前方後円墳が現われる。南之庄の三陵《さんりょう》墓《ぼ》西塚（径四〇メートルの円墳）と同東塚（長径九〇メートルの前方後円墳）である。西塚の年代は五世紀前半、東塚は五世紀後半と推定されている。ともに県史跡。

南白石の集落をすぎ、どんどん行く。道は次第に上り坂となり、低い峠を境にして都祁村から宇陀郡の室生村となる。宇陀郡の一部がこんな所まで延びているのである。坂を下り、連歌で有名な染田天神のある大字染田を通過。時刻はちょうど一二時になったので、集落を通り越した所で道の右手を流れる笠間川の堤に下りて昼食にする。

笠間川に沿って毛原廃寺へ

永仁の磨崖仏

ゆっくり休んで出発。あとは笠間川に沿って歩くだけである。道は舗装されてよい道だが、材木を積んだ大型トラックが時々急スピードで飛ばすのに会う。好天気に恵まれたのはありがたいが、それだけに暑い。上笠間をすぎ、下笠間に近づいたころ、対岸に磨崖仏ありの表示がある。行ってみると、半肉彫の阿弥

毛原廃寺跡の石碑（右）と礎石群（上）

陀如来で、一二九四年（永仁二）の銘が残っている。目ざす毛原の集落に到着したのは二時五〇分であった。

集落は笠間川を見下ろす斜面の高みにあり、草花栽培が主要な産業であるらしく、菊・ダリヤ・コスモスなどの花々がいちめんに風にゆらいでいる。巨大な礎石群は昔と変わらぬ姿で、秋の日をおだやかに受けていた。いまの道は礎石群より上方を通っているが、古代は笠間川に沿ってずっと下を通っていたのだろう。都祁の山道のルートは諸説あるが、古代では笠間川の川沿いを辿っていたのではあるまいか。そんなことを考えながら、毛原から葛尾へ約三キロ余りの道を急ぐ。笠間川は、葛尾で名張川に合流する。私たちは約二〇キロのコースを無事完歩し、四時二〇分にその葛尾に着いた。私たちというのは、今回行をともにした友人池内健次君と私とである。葛尾でバスを待ち、近鉄名張駅に着いたのは五時であった。

（一九九九年十一月）

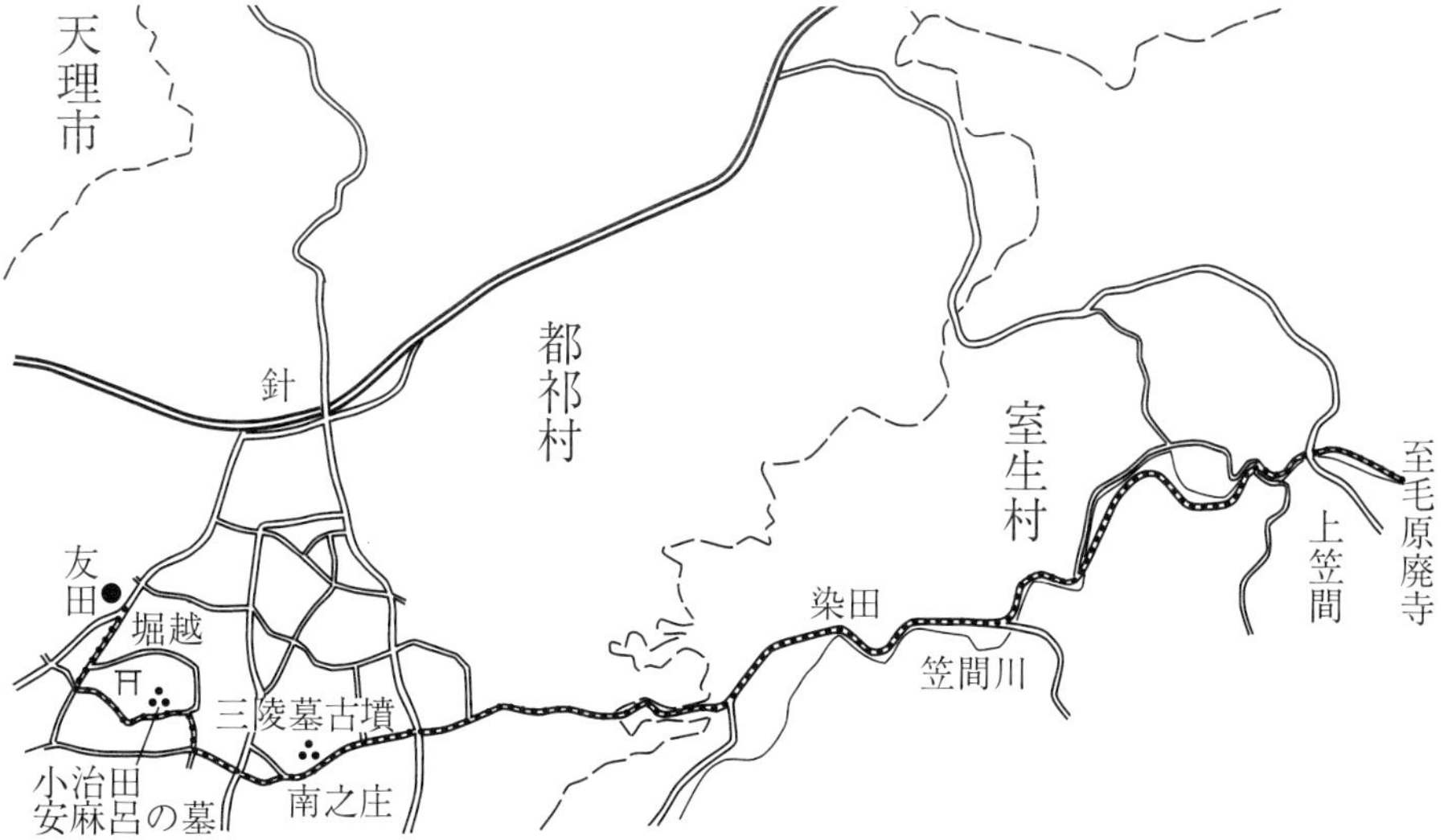

歴史散歩地図①　友田から上笠間へ

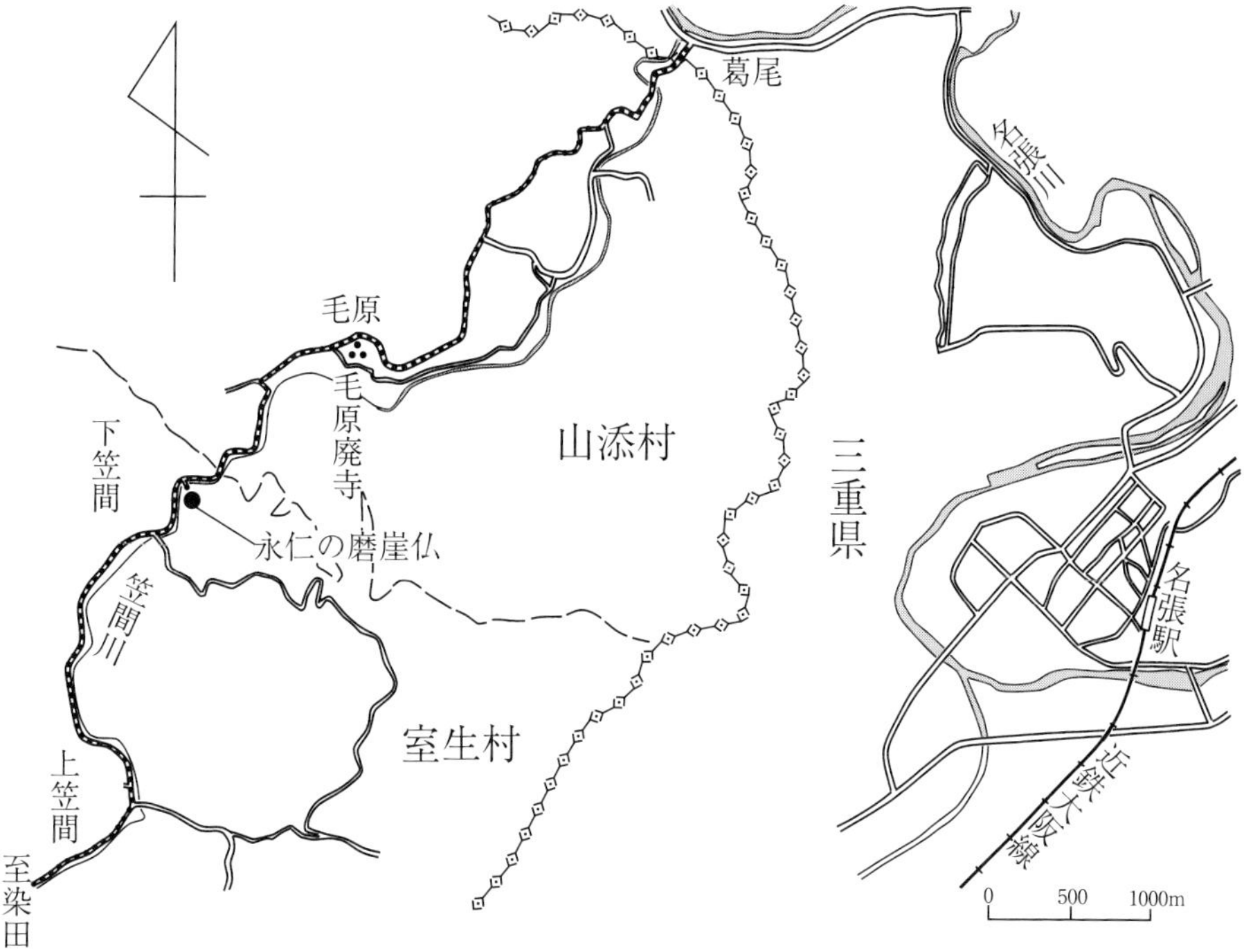

歴史散歩地図②　上笠間から葛尾へ

芭蕉の足跡と当麻路

大和から河内へ

綿弓塚の入口

大和には古代史上の遺跡・史跡の他に、奈良市柳生町の正徳徳政記念碑〈一四二八年〈正長元〉〉や、橿原市今井町の今西家住宅〈一六五〇年〈慶安三〉〉など、中・近世の興味深い史跡も多い。今回は古代の遺跡に近世の芭蕉関係の史跡を組み合わせて、コースを設定した。

芭蕉の足跡を歩く

残暑がやっと去って涼しさがもどってきた十月中旬、私たちは一〇時に近鉄南大阪線の磐城《いわき》駅でおちあった。駅のすぐ南を東西に走る国道一六六号線の一〇〇メートル余り南の道を、西へ向かう。河内国から竹内峠を越えてくる古道の竹内街道で、東へ行けば横大路となる。駅の南の集落が長尾、それを抜けて行くと竹内の集落である。一六八四年（貞享元）の『野ざらし紀行』によると、芭蕉はその旅で弟子の千里《ちり》の故郷である「葛下の郡竹の内」へ行き、千里の家に滞在して、

わた弓や　琵琶に慰む　竹のおく

の句を残した、とある。その句碑は、集落の中ほど、街道の南側に整備された綿《わた》弓塚《ゆみづか》にある。俳句は「綿弓塚」と刻んだ石碑の右側面に刻まれている（わた弓は繰り綿をうつ道具）。

　芭蕉は一六八八年（元禄元）四月の旅でも、竹内へ立ち寄っているらしい。そのことは一六九〇、九一年の成立と推定

竹内街道標柱

孝女伊麻の石碑

綿弓塚

竹内の集落

される『笈《おい》の小文《こぶみ》』には見えないが、一六八八年四月二十五日に伊賀上野の俳人宗七（俳号宗好）へ出した手紙に、「竹の内いまの茅舎に入（る）」とあるのでわかる。いまは当時有名な孝女で、綿弓塚の少し西を南へはいった所にある法善寺という寺の門前に、「孝女於伊麻旧跡」と彫った石碑がある。

　手紙にはそのつぎに、「当麻に詣で（中略）、駕籠にて太子ニ着（く）」とある。私たちも竹内街道を離れて北に向かい、一六六号線を横切って当麻寺《たいまでら》へ急ぐ。当麻寺には国宝の東塔・西塔をはじめ、国宝や重要文化財の仏像・建築がたくさんあるが、今日はすべて欠礼して、寺の北門を出、岩屋峠に向かう。

　手紙には当麻寺から駕籠で「太子」、すなわち聖徳太子の墓のある太子町の叡福寺《えいふくじ》へ行った、とあるだけだから、岩屋峠を越えたのか、竹内峠を越えたのか、はっきりしない。前者は標高約三五〇メートル、後者は約三〇〇メートルだから、低い竹内峠越えの可能性

当麻寺

▲傘　堂

鳥谷口古墳の石室

が高いと思うが、ハイキングコースとしては岩屋峠越えの方が面白いので、岩屋峠の道を採った。

岩屋峠越え

北門から北へ二〇〇メートル余り行くと、右側に石の鳥居がある。そこから西へ、岩屋峠へ登る道がある。それを五〇〇メートルほど行くと、道の右に傘堂《かさどう》という、傘をひろげてたてたような一本柱の建物がある。民衆信仰と関係のある近世の建物で、保存されている。傘堂のすぐ西に大きなため池があり、池の横を通りすぎると、右側に広い芝地がある。芝地へ下って向こうの斜面を登った所に鳥谷口《とりたにぐち》古墳がある。いまは、墳丘は崩され、横穴式石槨が覆屋の中に保存されている。年代は七世紀後半と推定され、天武天皇の皇子・大津皇子の墓ともいわれている。

もとの道にもどって、六〇〇メートルほどで、祐泉寺《ゆうせんじ》という寺がある。このあたりから道はけわしくなる。この道を駕籠で行ったとすると、乗っている方もたいへんではないかと思う。やがて峠に着く。時刻は一二時半。駅を出発して二時間半である。弁当をひらいて四、五〇分休憩する。

鹿谷寺から叡福寺へ

峠は奈良県と大阪府の境界にある。岩屋峠の名の起源は、峠を大阪側に少し下ったところに、凝灰岩の崖を掘りこんだ岩屋があることによる。小さいながら石窟寺院で、岩屋のなかには三尊仏を浮彫りし、その前に高さ約二メートルの三層の石塔がある。『古事記』や『日本書紀』の履中天皇条にみえる「当麻道」は、この峠道のことだろう（竹内街道越えとする説もある）。

岩屋から下へくだって行くと、一キロたらずで竹内街道に出る。出た所から三〇〇メートルほど

岩　屋

鹿谷寺跡

竹内街道

街道を下り、山へはいる道を改めて登ると二〇分ぐらいで鹿谷《ろくたん》寺《じ》跡がある。岩屋峠から直接ここへ来る道もある。私たちはうっかりして、遠まわりしたのである。寺跡には、地山の凝灰岩を削って作った平地の一隅に、削り残して造った高さ約五・四メートルの十三重の石塔と、岩壁を掘りこんだ石窟があり、石窟には如来の座像三体が線彫りされている。少しはなれたところにも、約一・七メートルの小石塔がある。文献には見えない寺だが、出土物から奈良時代後期の寺であることは判明している。

鹿谷寺から下って、竹内街道へ出たところから、街道（いまは国道一六六号）を一キロほど下って旧道にはいり、五〇〇〜六〇〇メートル行くと竹内街道歴史資料館（入館料二〇〇円）があり、そのすこし先を右へ坂を昇ってゆくと宮内庁治定の孝徳天皇陵がある。ここから近鉄南大阪線の上の太子駅まで約二・五キロ、体力に余裕のある人は、その途中で左（西方向）へ片道約一キロの聖徳太子の墓のある叡福寺へ行くことをおすすめする。健脚の人なら四時半ころまでに、上《かみ》の太子駅に着けるだろう。

（二〇〇〇年十月、二〇〇八年三月再訪して加筆）

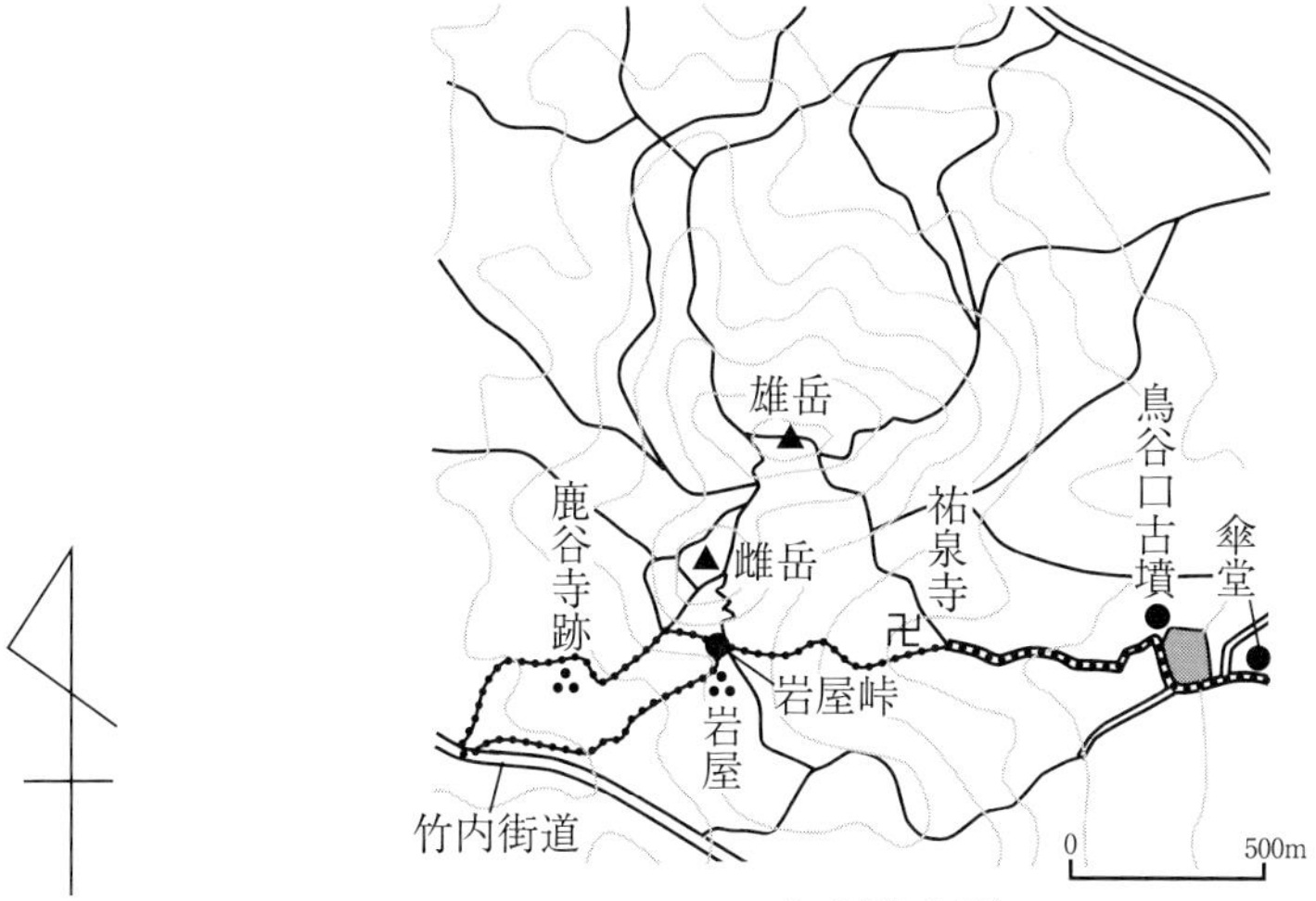

二上山登山道

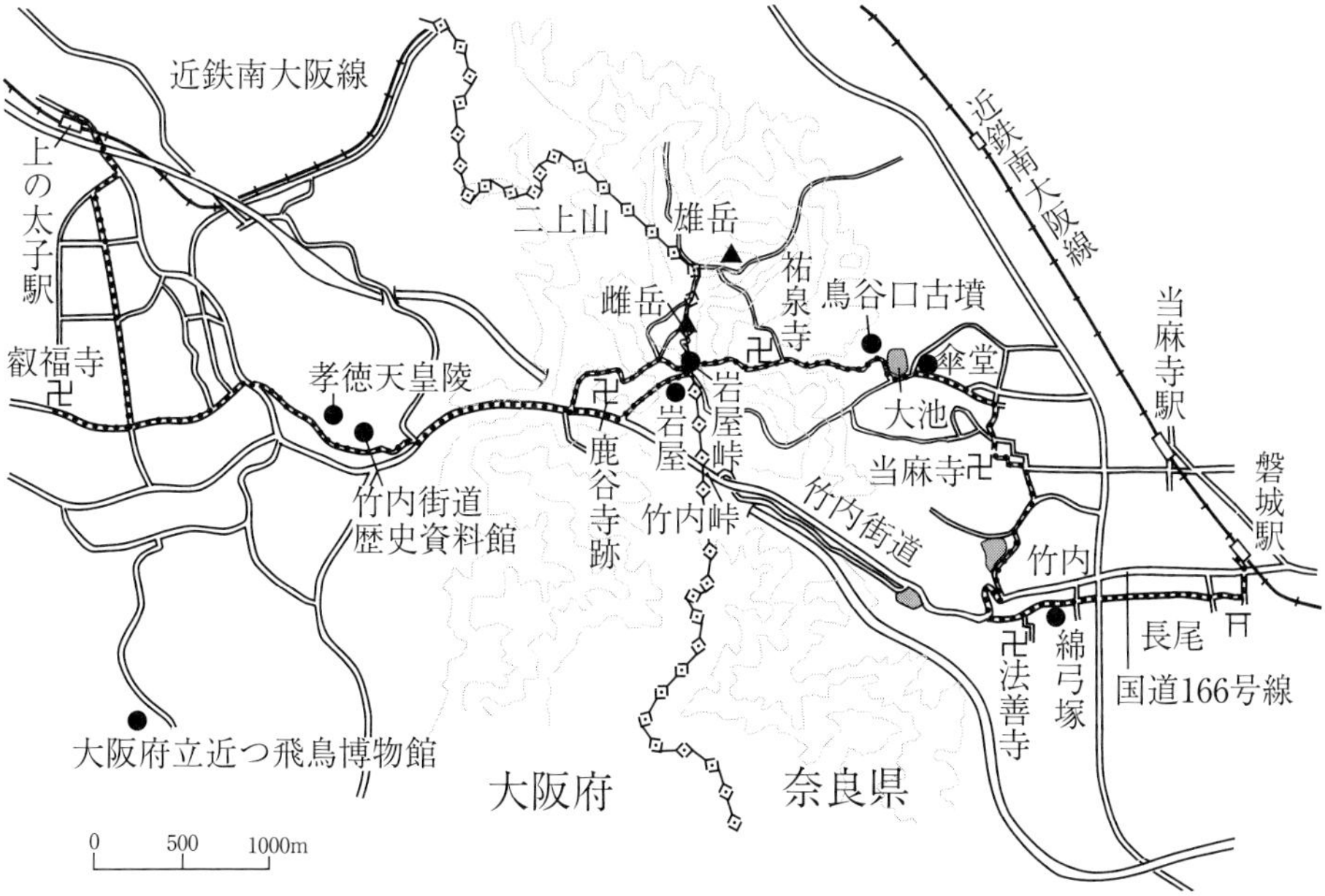

歴史散歩地図

馬見古墳群めぐり

ナガレ山古墳の円筒埴輪

馬見《うまみ》丘陵の古墳群をはじめて見学したのは一九四七年（昭和二十二）の初夏、京都大学の大学院生のときだった。私の所属は国史科だが、古墳や寺院跡に興味を持ち、考古学の研究室へよく出かけていた。四七年の新学期がはじまってまもないころ、考古学の研究室へ行くと、主任教授の梅原末治《うめはらすえじ》先生を中心に、専攻の院生や学生が三、四人集まって新入生歓迎を兼ねた遺跡見学会の話をしていた。いろいろな案が出されたが、先生は「あんまり歩かない所へ行こう」と言われた。当時学生であった林巳奈夫《はやしみなお》君（のち京都大学教授）が、「先生もお年ですね。歩くのはおいやですか」と言ったら、先生は、「いや、そうじゃない。わしが言うのは、あんまり行かない所へ行こうと言っとるのじゃ」と

乙女山古墳

答えられた。さすがに梅原先生だと一同感心して、馬見へ行くことがきまった。先生は五十三歳、院生にはのちの橿原考古学研究所所長・樋口隆康《ひぐちたかやす》君がいた。

古墳公園を歩く

私もこのとき馬見古墳群をめぐって以来、一度もここへ足を運んだことはない。たしかに考古学ファンもあまり歩かない所であるが、奈良盆地の西辺にあり、前期から中期にかけての大型・中型の古墳が七、八基存する。かつての広瀬郡・葛下郡の地域で、葛城氏との関係も考えられ、古代史に関心のある人ならぜひ一度は訪ねたいところである。そして、今はそんなに不便ではない。近鉄橿原線の田原本《たわらもと》で下車し、駅の西一〇〇メートルくらいの西田原本駅から王寺へ行く支線に乗り、三つめの箸尾《はし お》で降りればよい。今回、私が箸尾についたのは、九時四五分、下車して少し西へ行き、南に折れ、箸尾の町の中を約一キロたらず行って西へまがる。ただし広い新道を行くと遠まわりになる。その六、七〇メートル南の旧道を西へ行く。高田川を渡り

馬見丘陵公園館

ナガレ山古墳

寺戸の聚落を通りぬけると、左手に広い池があらわれる。池を過ぎると、右手が馬見古墳の一つ乙女山古墳である。全長一三〇メートルの帆立貝式古墳。帆立貝式では全国最大である。周濠があるが、一、二ヵ所渡り堤があり、登ることができる。前に来た時は雑草・雑木がきれいに刈られていて登りよかったが、現在は荒れるに任せてあって、高さ一五メートルの後円部に登るのに難渋した。

この古墳の麓から南西一帯は古墳公園としてきれいに整備され、乙女山古墳が荒れているのと対照的である。芝生の丘を山茶花《さざんか》の生け垣が縁どり、そのむこうに近代的建築の資料館がそびえている。私が訪れたのは月曜日だったので、休館であった。資料館の南に全長一三〇メートルの前方後円墳ナガレ山古墳がある。完全に復元され、墳丘全体を葺石が覆い、円筒埴輪がいくえにもそれを取りまいていた。古墳の年代は四世紀末から五世紀前半。

古墳公園の西南の角の門から外へ出て、東西に広い道を西へ行くと、やがて馬見北四丁目の新しい住宅地にはいる。三〇面以上の鏡の出土で有名な佐味田《さみた》の宝塚古墳（墳丘全長一一一メートル、中期初め）は、道路の北側の住宅地の中にあるはずだが、周濠がないのでわかりにくい。案内書にも、見つけるのは「かなりめんどう」とあるので、諦めて、宝塚の南西約三〇〇メートルの牧野《ばくや》古墳を目ざす。この古墳はさきの広い道のすぐ北側にあり、まわりは小公園となっているで分かりよい。牧野古墳は、乙女山古墳やナガレ山古墳が五世紀前半の前方後円墳であるのとちがい、全長一七メートルの横穴式石室を持つ径六〇メートルの円墳で、年代は六世紀末の後期古墳である。用明天皇の皇太子・押坂彦人《おしさかのひこひと》大兄《おおえの》皇子《みこ》の墓ではないかと推定されてい

牧野古墳の石室入口

近くの丘より巣山古墳を望む

新木山古墳

赤部の集落

厳島神社

三立岡の伝承地

る。石室は開口しているが、立ち入りはできない。

巣山古墳から築山古墳へ

私はここで持参の弁当を食べて一休みし、もと来た広い道を東へもどる。古墳公園の南を通りすぎ、四〇〇メートルほど行くと、右手に大きな古墳が見える。周濠を持つ中期の前方後円墳の巣山《すやま》古墳である。全長二〇四メートルの典型的な中期古墳。濠には鴨が数十羽、波紋を描いてのどかに泳いでいる。つぎは巣山の南方約五〇〇メートルの新《に》木《き》山《やま》古墳である。これも全長二〇〇メートルの堂々たる中期の前方後円墳。陵墓参考地になっているため、立ち入ることはできない。南北に通ずるバス道の西側にある。

新木山古墳の南の赤部の聚落を西へ通り抜け、厳島神社からさらに六〇〇メートルほど西へ行くと、高市皇子の墓と『延喜式』に見える三立岡《みたちおか》の伝承地がある。広陵町大字

築山古墳

三吉《みつよし》小字見立山《みたてやま》である。現在は、運動場と児童遊園地になっている。

三立岡伝承地から東へ行く広い道を取って平尾へ出、南へまがって安部を通りすぎ、高田川に沿うてなおも南へ行くと、やがて旧大塚村の新山《しんやま》古墳に着く。三四面の鏡の出土で有名な全長一二七メートルの前方後方墳。四世紀後半の築造か。これも陵墓参考地である。ここから一〇分余りで近鉄大阪線の築山《つきやま》駅であるが、もうひとふんばり、駅より往復十数分で全長二一〇メートルの前方後円墳、築山古墳を見ておこう。

築山古墳をみて築山駅にもどったのは、三時二〇分だった。

（一九九九年一月）

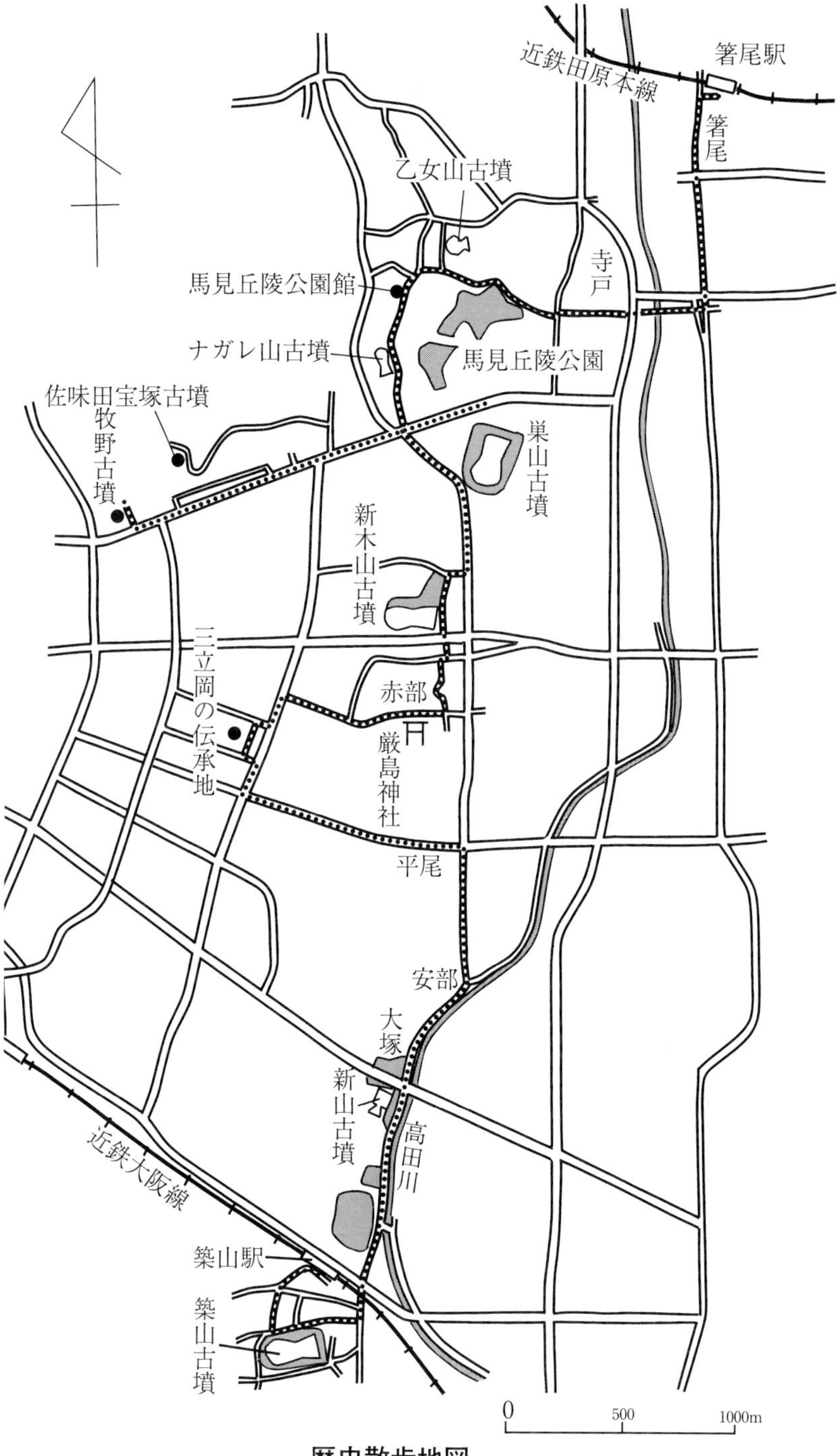
近鉄田原本線
箸尾駅
箸尾
乙女山古墳
寺戸
馬見丘陵公園館
ナガレ山古墳
馬見丘陵公園
佐味田宝塚古墳
牧野古墳
巣山古墳
新木山古墳
三立岡の伝承地
赤部
厳島神社
平尾
安部
大塚
新山古墳
高田川
近鉄大阪線
築山駅
築山古墳
0
500
1000m

歴史散歩地図

冬

栗原寺跡に立つ著者。103ページ参照。

沫雪《あわゆき》のほどろほどろに降り敷けば
平城《なら》の都し思ほゆるかも
大伴旅人

奈良のお正月

私は生まれてから満二十四歳まで神戸市でくらし、一九四八年（昭和二十三）に結婚してからいままで三〇年、奈良市でくらしている（この稿の執筆は一九七八年。いまから三〇年前）。奈良市といっても私の住んでいる所は、一九四〇年までは生駒郡都跡《みあと》村字斎音寺《さいおんじ》といった農村地帯の小集落である。いまでこそ世帯数が一〇〇〇をこえる新興住宅地となったが、私の移ってきたころは戸数は二〇に足らない小さな村で、その当座、生活のさまざまの習慣が神戸とちがうのに驚くとともに興味をもった。最たるものの一つは正月元旦のむかえかたであった。

神戸でのお正月

神戸の私の家では、玄関に濃紺の毛氈《もうせん》をしき、金屏風を立て、その前に三宝

に鏡餅をのせた正月の飾りをおき、黒ぬりの名刺うけをそなえる。家が商家であったから、やや派手であったかもしれないが、会社づとめをしている私の親戚もにたような飾りつけをしていたから、正月はこうするものと思っていた。

元旦の朝、といってもかなり日が昇ってから――商家は大みそかのあとの片づけが夜中までかかる――、店の人たちといっしょにお雑煮《ぞうに》を祝い、そのあと父や兄妹たちと年始まわりに出かける。となり近所をまわり、父は町内の同業者の家にも顔を出すが、年始まわりのおもな対象は父かたの親戚である。神戸の市中に五、六軒点在するそれを、歩いたり、市電に乗ったり、ときにはタクシーを利用して、つぎつぎにまわるのは、幼いころの私には緊張と期待のいりまじった、たのしい行事であった。伯父や伯母がいつもとちがう改まった顔つきであらわれ、父も切り口上で挨拶をのべる。それからちょっと座敷へあがってお年玉をもらい、お菓子などをいただくが、父は「これからまだまわらんならんとこがある」といって座を立ちつぎの親戚へ行くいう順序で、夕方までにまわりきるのが例であった。下町に近い通りではさかんに爆竹がなり、火薬のはぜたあとの赤い紙が風にまっていた。

奈良の元旦

一九四三年の秋に軍隊にはいるまで、毎年正月元旦はこのようにしてすごしたので、私は元日は年始まわりをする日と考えていた。まして協同体的な遺制をのこしている斎音寺の村では、そうした正月行事があるものと思いこんでいた。申しおくれたが、私は妻がひとり娘であった関係から、斎音寺の村の妻の実家に同居していたのである。

ところが案に相違して、斎音寺村の元日はしんかんとして人の動きはほとんどない。門や玄関や勝手口にしめ飾りはするが年賀の客を迎えるための飾りはまったくなく、門も半分とざしたままである。村の人びとが訪問しあって年始の挨拶をかわすこともない。

ただし、それぞれの家のあるじが、朝の七時に村の氏神にあたる天神社に集まって、毎年交替する頭屋《とうや》の用意した酒をくみかわし、新年をことほぐから、年始まわりの必要はないわけだが、社頭の行事は簡単におわる。田畑に出てはたらく人はむろんない。村のなかは、へいぜいよりずっと静かである。

なるほど、これこそハレの日のすごしかただ、と私は予測がはずれたが、感

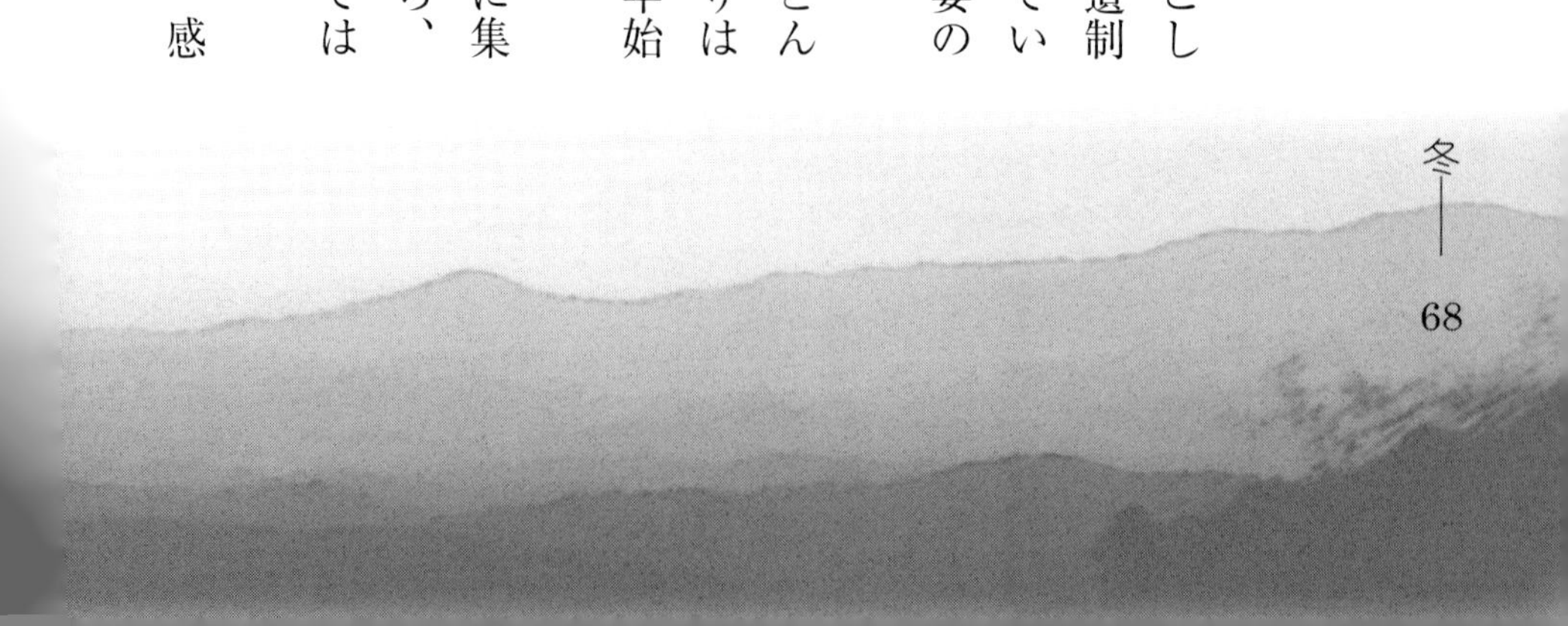

心した。元日は前の晩から年神《としがみ》がたずねてくる神聖な日なのである。門をとじて忌《い》み籠《ごも》りをするのが、本来の元日のすごしかたであろう。年始まわりは、神さまの訪ねてこない都会ではじまった新しい風俗にちがいない。「寝正月」といって元日を寝てくらすのは、怠けものの正月のすごしかたのように思っていたが、これこそ正しい正月の迎えかたなのだ。古代が生きている、といっては大げさだが、町の文化とはちがう文化が村にあることを知った。

奈良のお正月行事

もう一つ、斎音寺の正月で面白く思ったのは、元日の雑煮の用意が、すべて男の仕事となっていることである。男が枯れた豆木《まめぎ》（大豆）をたきつけにして、かまどの火をおこし、釜に湯を沸かし、餅を焼き、味噌をとき、だしを取り、野菜をあんばいして、雑煮をつくりあげる。女はそれを食べるだけである。

私ははじめ、これは日ごろ過度な労働に従事している女性を休養させるために考えだされた慣習かと思い、封建的な遺制の多い村にしては結構な制度だなと感心したが、それこそまさに都会的な解釈だろう。もちろん、そうした民主的な思想の産物ではなく、正月は神聖な日だから、不浄な女に食べものを作ら

せることはできない、ということなのだろう。

この習慣に関連すると思われるのは、元日にかぎって、かまどで燃やす薪《たきぎ》を用意するのにナタを用いてはいけない、雑煮をつくるからといって、庖丁《ほうちょう》を使ってはならぬ、いっさい刃物を用いるな、というタブーである。そのために、薪や野菜などはまえの日に全部用意しておく。このタブーが生じたのは、刃物であやまって手をきずつけ、血の流れることを忌んだからではあるまいか。女性を不浄とするのと同じ感覚である。

このような風習やタブーは、民俗学にくわしい人には珍しくないことだろう。奈良のお正月と題するほどのことではないかもしれぬ。だがこの習俗も、三〇年まえにくらべると、もうだいぶかわってきた。変化のスピードは今後さらにますだろう。こうした習俗をのこす土地は、しだいにへってゆくにちがいない。つたない所感を書きのこすのも、あながち無駄ではあるまい。

この小文を書いてからちょうど三〇年になる（発表は一九七九年一月）。世の中がかわるとともに、私の住むかつての斎音寺のムラもかわった。

私がここに住みはじめた六〇年前は、どの家もカマドで薪を使って炊事をし、

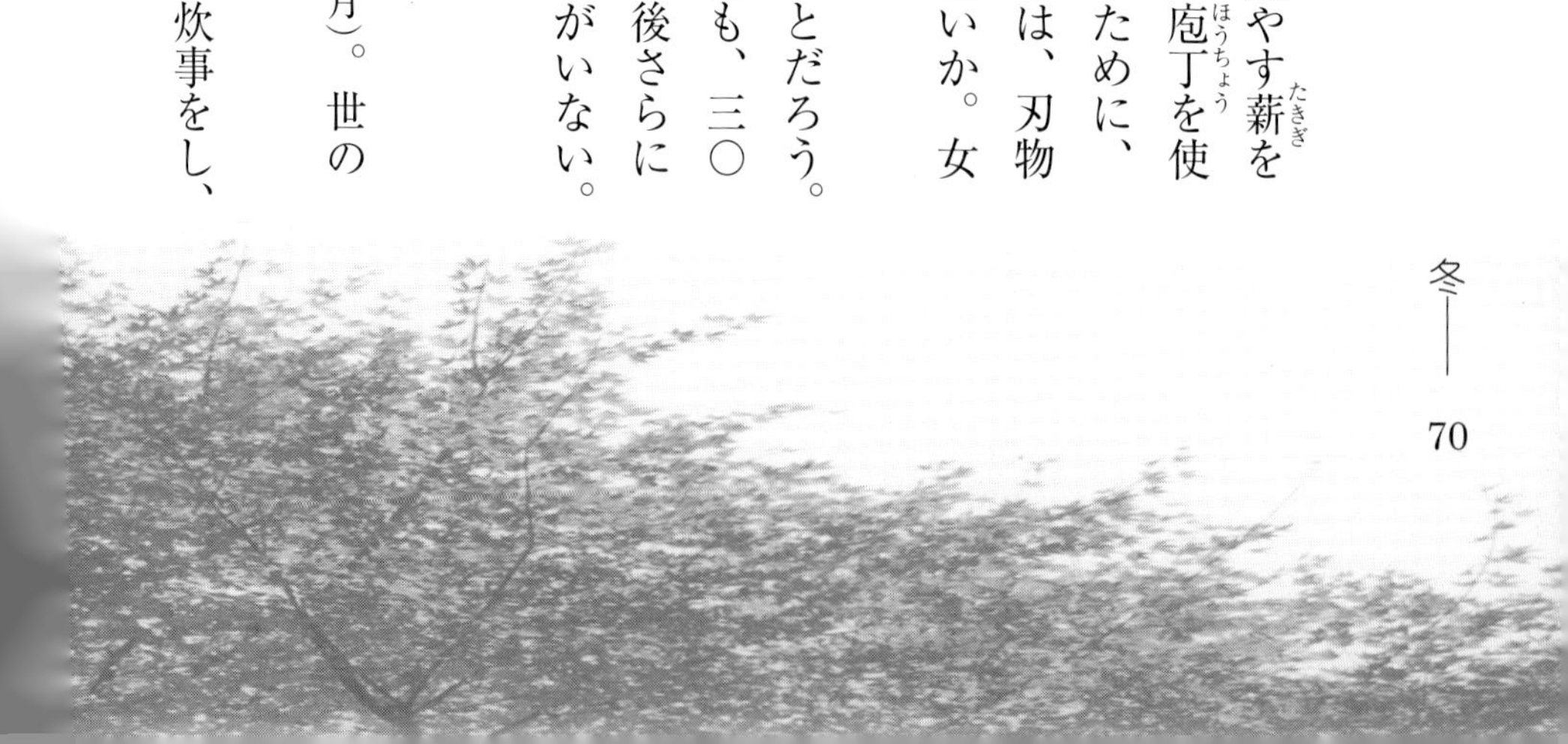

水は井戸から汲んでいた。それから三〇年たった一九七〇年代の終りごろには、石油コンロやプロパンガスが主体になっていたと思う。電子レンジが普及するのは一九八〇年代というから、奈良市尼辻町の字斎音寺で使っている家は、まだまれであったろうが、炊事の用意で手に切り傷を作る時代ではなかった。餅をつく家も減り、便利な小モチ・切モチを買ってくれば、雑煮の準備も簡単になる。近年はデパートで正月料理一式を売っているから、それを買えば料理一切の手間がはぶける。

　私はムラの各家庭の台所をのぞいたことはないが、私が驚いたような迎春の料理を男が調《ととの》えるという習俗は、なくなっているだろう。

　くわしく述べる暇はないが、習俗の変化の基礎にあるのは、かつての基幹産業である農業の後退である。三〇年前には一、二戸はあった専業農家は、今は一戸もなく、兼業農家になった。むろん菜園だけを残して、農業と縁のない家もある。神社を中心にムラの組織だけは維持されているが、いつまで続くかは保証できない。

大和古墳群をめぐる

下池山・中山大塚と黒塚古墳

行燈山古墳

日本の古代を考えるのにヤマト中心史観はよろしくない、地域からの視座が大切だというのは、まことにその通りだが、縄文・弥生の時代はともかく、古墳時代にはいると大和・河内の地域の遺跡が他の地域を圧して立派なことは否定できない。今年（一九九八年〈平成十〉）の一月九日に発表された奈良県天理市柳本町の黒塚古墳の内容もそうである。三三枚の三角縁神獣鏡と画文帯神獣鏡一枚、計三四枚の青銅鏡が盗掘も受けず、およそ一七〇〇年前に埋葬されたままの姿で出現した。私は新聞の発表以前に、見学する機会にめぐまれたが、ああーと思わず吐息《といき》が洩《も》れる感銘深い光景であった。

しかし、もちろん黒塚古墳は一つだけ孤立して在るのではない。すぐ東南に墳丘の長さ二四

行燈山古墳・天神山古墳

二メートル行燈山《あんどんやま》古墳（崇仁《すじん》天皇陵古墳）をはじめ一一三メートルの天神山古墳、一二〇メートルのアンド山古墳があり、東北方にはすこし離れて二一九メートルの西殿塚《にしとのづか》古墳（手白香皇女陵古墳）を中心に一二〇メートルの中山大塚、一一五メートルの下池山、一一〇メートルの燈《とう》籠山《ろうやま》など、大型・中型の古墳が目白おしに存在する。さらに、前述の行燈山古墳の南七〇〇メートルには墳丘長三〇〇メートル、前期古墳としては日本最大の渋谷向山《しぶたにむかいやま》古墳（景行《けいこう》天皇陵古墳）を盟主に櫛山《くしやま》古墳・上《うえ》の山《やま》古墳等の中型古墳がある。

それらを合計すると、墳長一〇〇メートル以上のものだけで二一基、それ以下を含めると約五〇基が現存し、しかもその目ぼしいものはすべて三〜四世紀の前期古墳である。前期古墳がもっとも密集している地域であり、初期ヤマト政権発生の地、本拠の地といわれるゆえんである。また地名から言っても、このあたりが後に日本全体を意味するようになるヤマト発祥の地と考えられる。『古事記』に仁徳天皇の皇后石之比売《いわのひめ》（磐之媛）の作として載せる歌に、

黒塚古墳遠景

▲黒塚古墳竪穴式石室

あをによし　那良を過ぎ　をだて　大和を過ぎ
わが見がほし国は　葛城高宮　我家《わぎへ》のあたり

という歌がある。那良はいまの奈良市あたりで、それを過ぎて行くと大和がある、というのだから、大和は今の天理市から三輪にかけての地域、すなわちこの古墳密集地域一帯ということになる。

現在その古墳群は大和《おおやまと》古墳群、または大和・柳本古墳群と呼ばれているが、黒塚古墳はまさにそのまっただなかにある。他ではない、その黒塚から問題の三角縁神獣鏡がゴッソリ発見されたから興味が限りないのである。黒塚古墳だけ見学しようとすれば、ＪＲ桜井線の柳本駅で下車、東四〇〇メートルくらいだから簡単である。しかし黒塚だけでは勿体ない。他の古墳の見学もお勧めする。私が最近、関西文化財保存協議会の人たちといっしよに歩いたコースを紹介しよう。

大和古墳群を歩く

桜井線で天理駅の一つ南の長柄で下車する。駅の東南に大和神社の森が見えるが、参拝は割愛して、右手（南）に馬口山《ばくちやま》古墳を見ながら東へ六〇〇メートル行くと、道は南北に一直線に延びる街道を越える。七世紀にすでに存し、壬申の乱の戦場ともなった上つ道である。さらに東進してバスの通る道をわたり、マバカ古墳の前方部を越え、一一四メートルある西山古墳の周濠に沿って南へまがる。左手（東）に西殿塚古墳の大きな墳丘が見え、反対側（西）に下池山古墳が見える。奈良には数の少ない前方後方墳であるが、一九九五年から九六年にかけての発掘でも有名になった。

西殿塚古墳

下池山古墳

下池山古墳から約三〇〇メートル南

にあるのが、これも近年の調査で見事な竪穴式石室や大量の葺石の存在が知られた中山大塚古墳である。前方部が三味線のバチ形にひらいている所から、西殿塚古墳とともに前期古墳のなかでも古式の古墳と考えられる。見学会は、ここから行燈山古墳や黒塚古墳をめぐった。

中山大塚古墳から南一キロぐらいのところにある天神山古墳からは一九六〇年（昭和三十五）に二三枚の鏡が出土したが、三角縁神獣鏡は形の変わったものが二枚あっただけである。ここだけでなく、三角縁神獣鏡は、奈良盆地では、盆地西部の河合町佐味田《さみた》の宝塚古墳、広陵町の新山《しんやま》古墳、あるいは東部でも初瀬川《はつせがわ》の南の桜井市外山《とび》の茶臼山古墳などからは出土しているが、邪馬台国の所在地の候補のもっとも有力な地域である桜井市纒向《まきむく》から大和古墳群へかけての地帯からは、出土がきわめて少ない。邪馬台国畿内説の弱点ではないか、ともいわれていた。黒塚古墳の発掘はその疑問を打ち砕いたのである。その黒塚は天神山古墳の西北約三〇〇メートルの所にある。墳丘長一二七メートルの前方後円墳で、前方部は削平されて低くなっているが、周濠は残っている。後円部は調査が続いており、当分登ることはできないかもしれない。二〇〇八年現在、発掘調査は終り、黒塚古墳の周濠の東に天理市立黒塚古墳展示館が開館している。入館は無料。

（一九九八年三月、二〇〇八年五月再訪して加筆）

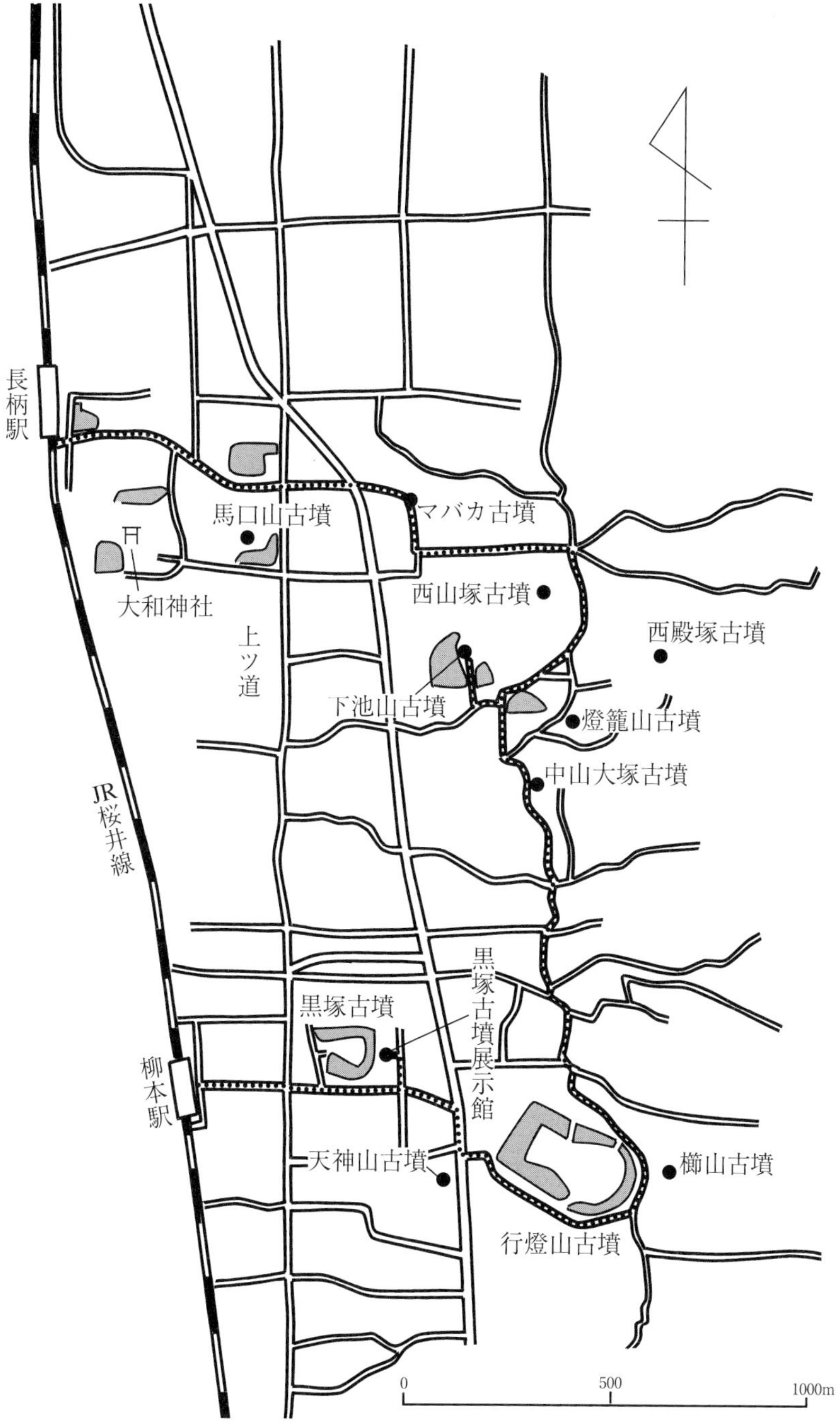
長柄駅
マバカ古墳
馬口山古墳
大和神社
西山塚古墳
西殿塚古墳
上ツ道
下池山古墳
燈籠山古墳
中山大塚古墳
JR桜井線
黒塚古墳展示館
黒塚古墳
柳本駅
天神山古墳
櫛山古墳
行燈山古墳
0
500
1000m

歴史散歩地図

河内の古寺巡礼

渡来氏族の寺々

藤井寺

河内《かわち》には渡来人の残した遺跡が多いが、藤井寺・羽曳野《はびきの》・柏原《かしわら》の諸市の地域にとくに密《みつ》である。今回は、中国の西安近郊で出土したわが遣唐留学生、井真成《せいしんせい》の墓誌で有名になった葛井《ふじい》氏の氏寺・葛井寺（藤井寺）より、この地域の渡来系氏族の寺と寺跡を中心に歩くこととする。

近鉄の大阪市阿部野橋駅から橿原神宮前方面へ行く線（南大阪線）に乗り、各停約三〇分で藤井寺駅に着く。この駅を一〇時に出発、駅の南約一〇〇メートルのところを東西に延びる商店街を東へ二〇〇メートルで、葛井寺の西門がある。寺自体は南面する。開創については確かな史料はなく、寺自身も室町・戦国時代に争乱に捲《ま》きこまれて、それ以前の建物や遺物は残っていない。堂塔の礎石かと思われる巨石が一、二存する程度で、確かなことは不明だが、百済《くだら》の貴須王《きすおう》の子孫と称し、六世紀後半の欽明朝に史上に現われる白猪《しらい》氏が改姓した葛井氏の氏寺とする説は、認めてよかろう。

同じ貴須王を祖とする一族に船氏と津氏があり、三氏はどれももと史《ふひと》を姓とし、のち連《むらじ》となる。そのうち白猪（葛井）氏は戸籍の作製（『日本書紀』欽明三十年四月条）、船氏は船に関する税を担当した。津氏は港の管理を担当したのであろう。この地域の渡来系の有力氏族には、他に王仁《わに》の子孫と称する文首《ふみのおびと》がある。「文」は「書」とも書き、学問や記録に長じ、のち連を姓とする。これら四氏はみな朝廷に仕え、国家の形成に貢献したが、一方仏教を信じ、その発展に功があった。四氏のうち津氏の氏寺は明らかでないが、白猪氏の氏寺は前述の葛井寺、船氏のそれは羽曳野市の野中寺《やちゅうじ》、文氏のは羽曳野市の西琳寺《さいりんじ》で、約二キロの間隔で所在する。今回はまずこの三寺を巡礼しようというのである。

辛国神社

岡ミサンザイ古墳より二上山を望む

葛井寺から野中寺へ

葛井寺の南門を出て西へ行くと、すぐにぶつかるのが式内社の辛国《からくに》神社である。創立時の祭神は不明だが、からくに（韓国）の名称からすると、もと朝鮮系の神を祭った神社であろう。南に折れ、さらに西南に道を取ると、左手に周濠を持つ大きな古墳が現われる。墳丘の全長二四二メートルの岡ミサンザイ古墳（現仲哀《ちゅうあい》陵）である。周濠の西南隅を越えたあたりから南にまがって約一・五キロ行くと、道の西側の木立ちの中に野中寺が存在する。

南門をはいるとすぐ前方に、西に塔跡、東に金堂跡の土壇がある。法隆寺式の伽藍《がらん》配置である。塔跡には心礎《しんそ》を含めて一三個の礎石、金堂跡には一六個の礎石が残っている。塔心礎は亀形に加工され、中央に穿《うが》たれた心柱の柱穴には三個の添木柱の穴と舎利孔とが刻まれている。出土の瓦に「康戌」とへら書きしたものがあった。「康戌」は干支の「庚戌」の誤記で、六五〇年（白雉元）を示す。寺はそのころ以前の建立とみてよかろう。この寺は「丙寅年」（六六六年〈天智五〉）の年紀をもつ銘文のある彌勒《みろく》像でも有名であるが、銘文は七世紀末年ごろの追刻とする説がある。さらに近年には、像の存在がはじめて世に知られたのが一九一八年（大正七）であることから、その直前の偽作ではないかと疑う説もある。

古市大溝跡から西琳寺へ

南門から南へ五〇メートルほど行った所を東へ折れる。もう約五〇メートル南を東西に延びる道が河内と大和を結ぶ竹内《たけのうち》街道で、もと野中寺の寺地はそこまでひろがっていたはずである。

野　中　寺

塔の心礎

東へ折れた道をしばらく行くと池の北辺にでる。下田池といい、池の東の堤の裾に沿って細長い低地がある。これが六世紀ごろに開削された古市大溝《ふるいちおおみぞ》の跡である。大溝は大和川の支流の石川から取水して南からほぼ西北へ開かれた大水路で、延

空から見た古市古墳群（羽曳野市教育委員会提供）

右上①現応神陵　　左上②現仲哀陵　　下右③前の山古墳

長約一〇キロ、古市古墳群の中を貫流する。このあたりでは、下田池の西にボケ山古墳（現仁賢《にんけん》陵）、ふりむくと東に墓山古墳、その向こうに誉《こん》田《だ》御《ご》廟山《びょうやま》古墳（現応神陵）が見える。まさに古市古墳群のただなかで、みえてくる古墳をいちいちあげているときりがない。

　大溝跡に沿って長池の北辺まで行き、大溝跡と分かれて東南東へ行くやや狭い道にはいると、まもなく前の山古墳（現日本《やまと》武尊《たけるのみこと》墓）の周濠北辺へ出る。このあたりが、私が学生時代に考古学を学んだ梅原末治《うめはらすえじ》先生の故郷だと同行の友人に話して歩いていると、道沿いに「梅原」という表札の出ている家があるのには驚いた。古墳をすぎて北へまがると、賑《にぎ》やかな通りへ出た。近鉄古市駅の駅前で、通りはさきほどふれた竹内街道である。駅の南の踏切をわたって街道を三五〇メートルほど行くと、北から来る東高野《ひがしこうや》街道と直交する。そこを北へすこし行って東へまがると、めざす文首氏の西琳寺である。

この寺も中世以来たびたびの災害による破壊が著しく、古《いにしえ》を偲ばせる遺物は塔の心礎一基と、中世の住職たちを供養する五輪塔数基が残っている程度である。しかし戦後の発掘調査により、塔を東、金堂を西に配する法起寺式伽藍配置の寺であったと推定されている。八葉素弁蓮花文瓦の出土を考えあわせると、創建は七世紀前半の可能性がある。心礎には心柱と四本の添木の穴があり、その側面に舎利孔、底面に「刹」の一字が

西琳寺

西琳寺心礎

刻まれている。時刻は一二時半になった。古市駅前にもどり、食堂で昼食をとる。

玉手山丘陵から松岳山へ

残された紙幅が少ないので、午後の散歩はコースだけを略記する。古市駅から一駅北の道明寺駅まで電車を利用し、駅の東を流れる石川を渡って柏原市にはいり、玉手山丘陵の西の中腹にある安福寺の横穴群と、手水鉢《ちょうずばち》に転用されている石棺を見る。横穴群の形成は六世紀後半から七世紀の初めにかけてと推定され、現在三七基が存在する。玉手山丘陵を東に越え、近鉄河内国分駅の南で線路の下を地下道で抜け、線路に沿って南行約一・五キロ、東へ折れると、春日神社の境内に落葉に埋もれて、奈良時代建立の田辺廃寺の東西両塔の基壇がある。渡来氏族の田辺史の氏寺と考えられる。そこから北の方角にある松岳山をめざす。山の麓まで約一・二キロ。江戸時代に船氏の船首王後《ふねのおびとおうご》の墓誌の出土で知られるが、墓誌の出土地は不明。松岳山の中腹にある国分神社の境内から急坂を登ってゆくと、山の頂きに全長一二〇メートル、四世紀後半ごろの前方後円の松岳山古墳があり、後円部頂上に長大な蓋石の露出した石棺がある。ここで小憩し、山を下って近鉄河内国分駅（大阪線）に着いたのは、四時すこし前だった。

（二〇〇六年一月）

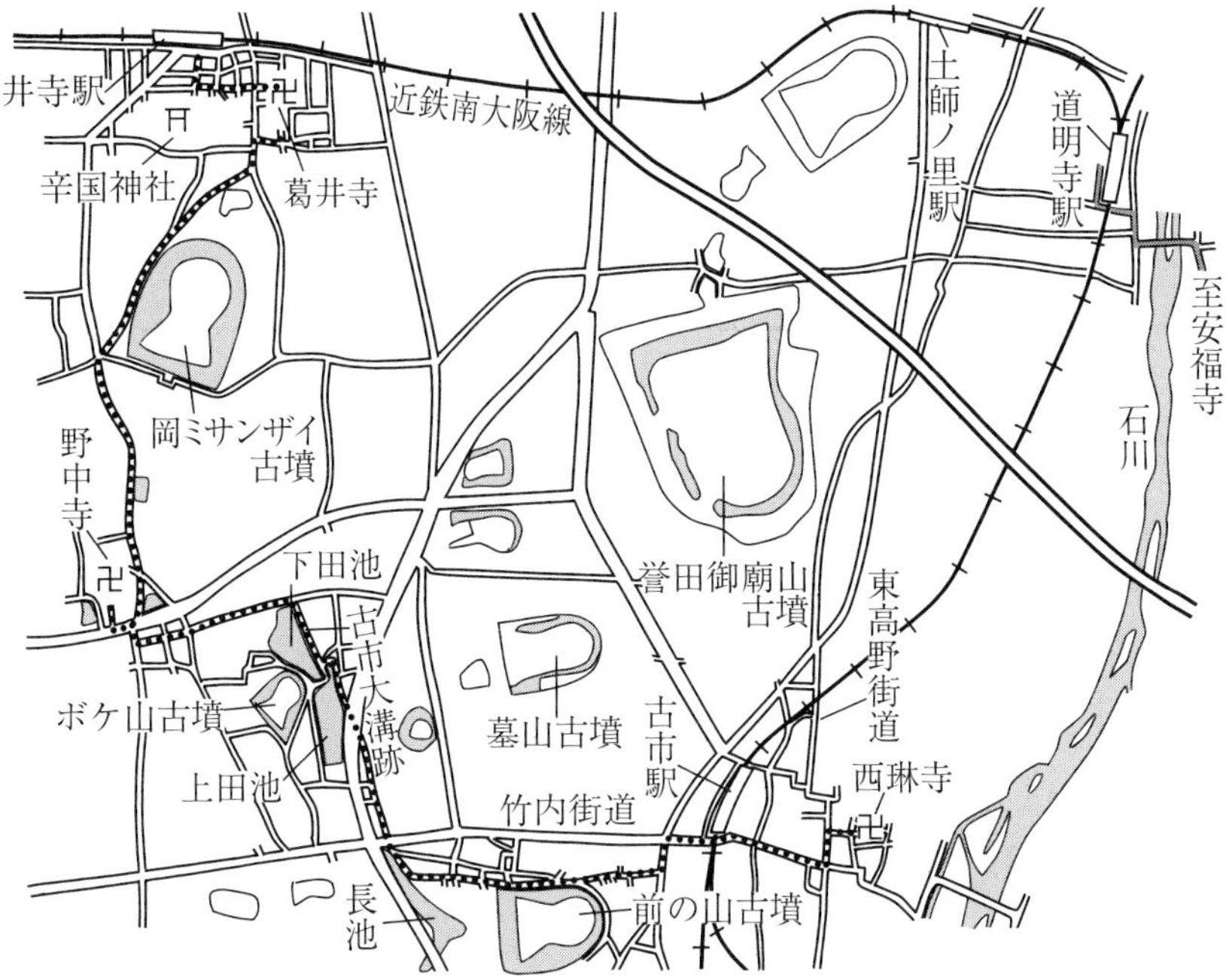

歴史散歩地図①　午前のコース

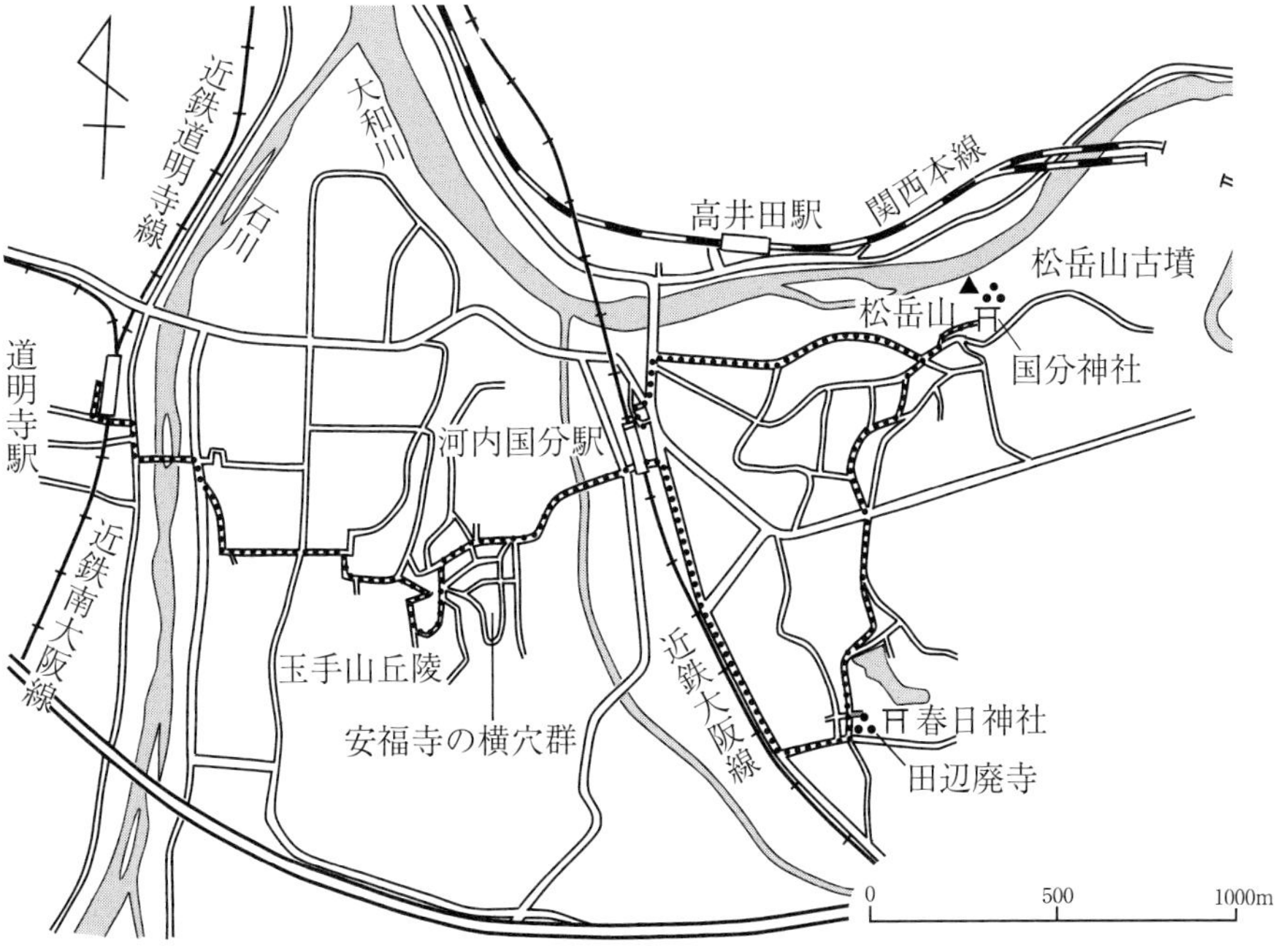

歴史散歩地図②　午後のコース

葦垣宮と上宮遺跡

上宮遺跡公園

聖徳太子と葦垣宮

斑鳩《いかるが》町にある聖徳太子関係の重要な史跡の一つに葦垣《あしがき》宮がある。聖徳太子が薨《こう》じたところという伝えが、七四七年（天平十九）に書かれた「大安寺伽藍縁起幷《ならびに》流《る》記《き》資《し》財《ざい》帳《ちょう》」（以下「資財帳」）にみえるのである。「資財帳」のいうところを要約すると、推古天皇が葦垣宮で病いに伏している太子の見舞いに田村皇子（のちの舒明《じょめい》天皇）を遣わしたところ、太子は自分が羆凝《くまごり》村にはじめた道場を天皇の力で大寺にしてほしいと言い、羆凝村を田村皇子に譲ると言った。「資財帳」では太子が葦垣宮で没したとは明記していないが、文脈からすればそのように受け取れる。

ところが、『日本書紀』推古二十九年（六二一）二月条に厩戸皇子《うまやど》（聖徳太子）は斑鳩宮で薨じたとある。斑鳩宮は法隆寺の東院、すなわち夢殿の地にあったと古くから伝えられており、昭和初年の発掘で確かになった。太子が没した所については、七二〇年（養老四）成立の『書紀』の伝えが正しいか、七四七年の「資財帳」が確かかは簡単にきめにくいが、奈良時代後期に在位した称徳天皇は、七六七年（神護景雲元）四月と七六九年十月の二度、飽浪宮《あくなみ》に行幸したと『続日本紀』にみえる。「資財帳」は飽浪葦墻宮と記しており、飽浪宮は葦垣宮と同じと考えてよい。ただし称徳天皇が行幸したのは、太子の死後一四〇年ばかり後だから、場所は同じでも建物は建て替わっていただろう。それにしても称徳が葦垣宮に行幸したのは、父の聖武天皇、母の光明皇后の太子信仰を引きついで太子を篤

法隆寺南大門

法隆寺中門

法隆寺金堂

法隆寺五重塔

く尊信していたからだと思われる。それは若井敏明氏が論文「法隆寺と古代寺院政策」（『続日本紀研究』二八八号）で示唆したように、光明子の母の県犬養三千代《あがたのいぬかいのみちよ》以来のことかもしれない。おそらく称徳は行幸に際しては、まず法隆寺に参詣して父の聖武や母の光明子のしたように（「法隆寺伽藍縁起并流記資財帳」）種々の財物を寄進し、それから葦垣宮に宿って太子の遺徳を偲んだのであろう。

その奈良時代の葦垣宮のあとと思われる遺跡が、近年斑鳩町教育委員会の発掘で姿を現わした。出土したうち注目されるのは、掘立柱を使用した奈良時代の大型建物群で、確認できたものだけで七棟分あり、溝からは平城宮の瓦と同じ木型で作った軒丸瓦などが出た。この二点から、遺跡が称徳天皇が泊った飽浪葦垣宮の跡である蓋然性が非常に高い、とする報告者の意見は妥当と思われる。なお飛鳥時代の土器も多数出土しており、聖徳太子の葦垣宮と結びつく遺構は発見され

中宮寺跡

法起寺

ていないが、今後出土する可能性は十分ありそうである。

上宮遺跡を歩く

さてその遺跡の場所だが、斑鳩町在住のかたは十分ご存知であろう、斑鳩町大字法隆寺小字上宮《かみや》、JR法隆寺駅の東北約一・五キロのところにあり、上宮遺跡と名づけられている。現在は法隆寺南二丁目にある斑鳩東小学校の東一〇〇～二〇〇メートル、富雄川の西の堤に接して存在する。私は十二月下旬のある日、この遺跡をたずねてみた。

この日、まず幸前《こうぜん》の集落のすぐ西にあるもとの中宮寺の跡をみて、ここからスタートした。寺跡は小公園になっている。その西側、法起寺の方から来る道を南に進み、筒井から来る広い道（国道二五号）を横切ってさらに南へ行くと、やがて前記した斑鳩東小学校の北側に出る。小学校の北の塀に沿う道を東へ行き、学校を通りすぎると、右手前方に近年、遺跡に建てられた建物――といっても便所だが

上宮遺跡公園の万葉歌碑

――がみえてくる。中宮寺から一五分はかからない。

遺跡の入口に、「上宮遺跡公園」と表示されているように、遺跡は整備されて美しい公園となっている。なだらかな築山に柳やサザンカなどさまざまの植物が植えられ、瀧や小川も造られ、犬養孝先生筆の万葉歌碑（写真参照。歌の読みは、「斑鳩のよるかの池の宜しくも　君を言はねば思ひそ吾がする」）をはじめ歌碑も三つ立っている。私が訪ねたときは冬で人が来ないためか、小川に水はなかったが、掃除はゆきとどいて気持ちがよかった。建物のあった所は芝生になって残され、適当な説明板もついていたが、柱のあとを石柱などで表示していないのが、少し残念であった。

私はそこからＪＲの法隆寺駅へ行き、駅前で遅い昼食を食べて奈良へ帰った。

（一九九八年一月）

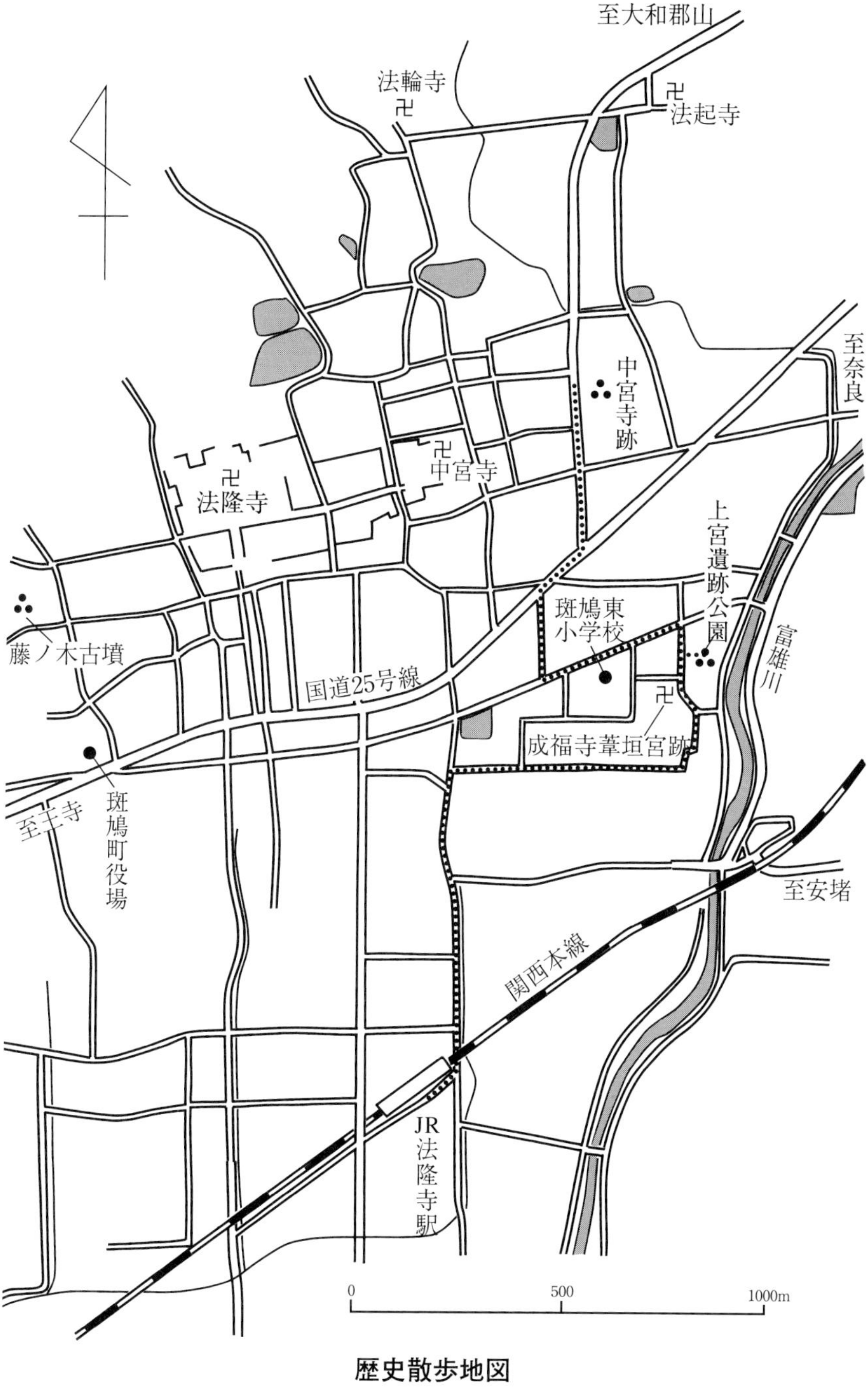
至大和郡山
法輪寺
法起寺
中宮寺跡
至奈良
中宮寺
法隆寺
上宮遺跡公園
斑鳩東小学校
富雄川
藤ノ木古墳
国道25号線
成福寺葦垣宮跡
斑鳩町役場
至王寺
至安堵
関西本線
JR法隆寺駅
0
500
1000m

歴史散歩地図

香芝から王寺へ

六・七世紀の古墳と古寺

太子道と道標（香芝市尼寺付近）

奈良盆地の史跡は盆地東部に多い。盆地東南部には飛鳥・藤原宮があり、東北部には平城京がある。両者を結ぶ山の辺の道に沿うては前期・中期の大古墳群がある。それにくらべると、盆地西部とくに西北部には遺跡が少なく、よほどの歴史好きでも足を運ぶことはあまりない。今回はその地域に属する香芝市から王寺町まで歩いてみた。通して歩くのは、実は私もはじめてである。

狐井城山古墳から顕宗天皇陵へ

十二月中旬の天気のよい一日、近鉄八木から大阪の上本町行きの電車に乗り、五つめの五位堂で下車したのが一〇時一分。五位堂《ごいどう》は江戸時代には五位戸・五井戸と書かれ、地名の由来ははっきりしない。駅から南へ約二〇〇メートル行って西へまがり、約八〇〇メートル行くと、北側に池の堤が見える。狐井《きつい》城山古墳の周濠の土手である。大型の前方後円墳で墳丘全長は一四〇メートル、周濠がめぐっている（一部埋没）。長持形石棺の蓋などが出土しており、五世紀末ごろと推定される。濠の堤を半周して（柵があり、通行不能のこともある）、古墳の西北端へ出、西へ四〇〇メートル、北へ七〇〇メートルほど行くと、近鉄下田駅へ出る。線路を越えてすこし行き、西へ折れてまた少し行くと、北側にふたがみ文化センターというきれいなビルがある。

狐井城山古墳

二上山博物館のあるビル

太子道（香芝市今泉付近）

一階が目ざす香芝市立二上山博物館である。

この博物館の特色は、石器として利用されたサヌカイト、古墳・宮殿・寺院に使われた凝灰岩、研磨用のざくろ石（金剛砂）など、いずれも二上山で産する三種の石を中心とする展示である。通称は「石の博物館」、そして館長は古墳研究の大家石野博信さんである。観覧料は大人二〇〇円。見学が終わったら一二時少し前で、二階の瀟洒《しょうしゃ》な食堂（現在は文化センターで催し物のある日のみ営業）で昼飯にする。

一二時四〇分出発。博物館の西の道を北へ向かう。約一五分で、道の右に顕宗《けんそう》天皇陵がある。『日本書紀』によれば、顕宗は履中《りちゅう》天皇の孫であるが、事情があって播磨国にかくれ住んでいたのを、清寧《せいねい》天皇に子がなかったために迎えられて天皇になったという波瀾の運命の天皇である。実在を疑う説もある。陵も明治になって治定

志都美神社脇の万葉歌碑

太子道道標

されたもので、路傍の小丘が陵にされたにすぎないともいわれる。現在地は香芝市北今市小字的場。

志都美神社から尼寺遺跡へ

陵から少し行って竹田川を渡り、川に沿って西へ約三〇〇メートルで、北へまがる。もう少し行くと横穴式石室のある山口古墳があるが、割愛する。この辺から北は、聖徳太子が斑鳩から二上山の穴虫峠をこえて難波へ通ったと伝えられている太子道で（斑鳩から飛鳥へ通ずる太子道とは別）、ところどころに標柱がある。行くこと約一キロで西に武烈天皇陵の森がみえる。森をめざして太子道から西へはいると、式内社志都美《しづみ》神社があり、陵はその西北の小丘であるが、もちろんここに武烈天皇が葬られているかどうか確かではない。現所在地は香芝市今泉。武烈は、『日本書紀』によれば六世紀初頭に在位し、乱暴な所行で有名である。志都美神社のかたわらに、

片岡の　この向つ峰に　椎蒔かば　今年の夏の　陰にならむか

の『万葉集』巻七―一〇九九の歌を刻んだ碑がある。

太子道にもどって北へ行くと、西名阪高速道の下をくぐる。新しい道ができて分かりにくいが、志都美小学校の手前を西へはいる。めざすのは平野塚穴山古墳で、古墳は平野の集落の中の正楽寺の裏山にある。一辺一八メートル、高さ四メートルの方墳で、全長四・五メートルの

平野塚穴山古墳石棺入口

平野塚穴山古墳石棺内部

◀石棺のふたで作った阿弥陀仏

横穴式石室がある。はなはだ精巧な構造で、年代は七世紀後半と判断されている。国指定の史跡。古墳登り口に石棺の一部を利用した薄肉彫の阿弥陀仏像（平安後期）がある。

つぎは尼寺《にんじ》遺跡である。遺跡は大字尼寺にあり、南・北の二ヵ所に分かれ、ともに太子道に沿っている。寺跡であることは早くから知られていたが、発掘調査は一九九一年（平成三）から行われ、九五年の調査で北遺跡の塔跡が法隆寺に匹敵する大きさ・古さであることが明らかになった。金堂と塔とが南北にならぶ四天王寺式であることもわかった。いま見られるのは北遺跡の塔跡で、南遺跡ではまだ堂塔の跡は発見されていない。南遺跡を片岡尼寺、北遺跡を片岡僧寺または片岡王寺にあてる説があるが、確

尼寺遺跡塔の礎石

太子道（王寺町本町付近）

達磨寺１号墳

定していない。

大字尼寺の北から王寺町となる。聖徳太子が片岡山の路傍に伏す飢人（実は聖）に衣を与えたり、歌を贈答したりする伝説が、『日本書紀』その他に伝えられており、その伝説と関係のある達磨寺や放光寺が王寺本町にある。その両寺を尋ねるつもりであったが、分かれ道のところ（歴史散歩地図②の×印）で道をまちがえて片岡山の中へはいりこんでしまった。片岡というけれど、現在の「片岡」はそんなに小さな山ではない。両寺参拝はカットして、山から直接王寺町の市街地に下った。地図には、後日、歩きなおして達磨寺と放光寺へ行ったコースを記した。達磨寺境内には六世紀後半ごろの古墳が三基あり、上の写真はその一つである。ＪＲ王寺の駅に着いたのは、四時ごろだった。

（二〇〇〇年十二月、二〇〇八年二月再訪して加筆）

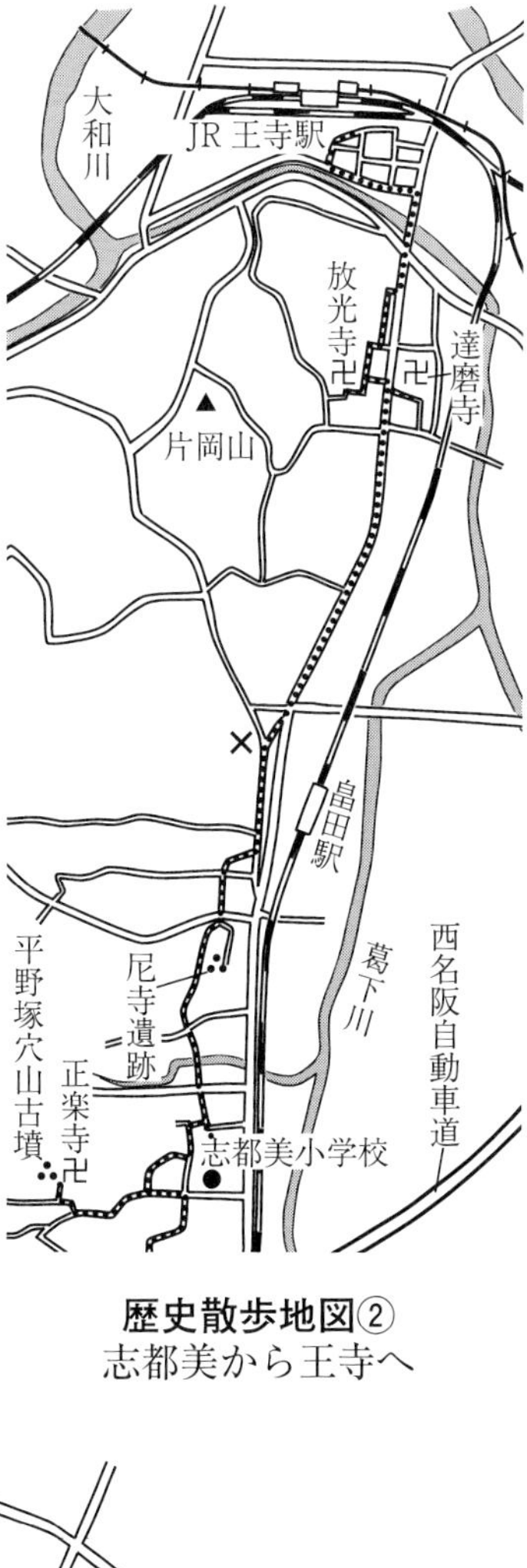

歴史散歩地図②
志都美から王寺へ

歴史散歩地図①　五位堂から志都美へ

桜井から大宇陀へ

忍坂・粟原・半坂峠

嬉河原

十二月中旬の快晴の一日、桜井市桜井から半坂峠（小峠とも）を越えて大宇陀町まで歩いた。『万葉集』巻一にみえる軽皇子（のちの文武天皇）が宇陀の阿騎野《あきの》に狩猟に行った時に通った道と思われる。他の道とする説もあるが、この道が峻しいけれど近道なのである。

伝説だが、神武天皇が宇陀から奈良盆地に攻め入る時、宇陀の高倉山から形勢を眺め、「女坂に女軍を置き、男坂に男軍を置」いたと『日本書紀』にある。半坂峠が男坂に当たるとするのが通説だが、女坂とも考えられる。いずれにせよ古くから由緒ある峠道である。

桜井から粟原寺へ

九時五三分、近鉄桜井駅下車。近鉄とＪＲの

宗像神社

高架の路線をくぐって南側へ出る。JRの駅前の道をすこし東へ行って南に折れると商店街に出る。横大路の延長の道である。東へ約七〇〇メートル行き、小さな川（粟原《おおばら》川）にかかる橋の手前の小道を南へはいり、広い国道一六五号へ出る。この道を東へ行くと、すぐ左手に前期の前方後円墳・茶臼山古墳がある。長径二〇八メートル、玉杖の出土などで有名である。もう少し行くと、右手に式内大社宗像《むなかた》神社の鳥居が見える。本来、九州の大族宗像氏の斎き祭る社である。それが大和でも祭られているのは、持統朝の太政大臣高市《たけち》皇子の生母が宗像君徳善の娘である縁によるのであろう。

それから七、八分で国道一六五号と分かれ、右への道—国道一六六号—を取る。トラックや乗用車は相変わらず多い。このあたりが、神武天皇が土雲《つちぐも》を亡ぼした伝説で名高い忍坂《おしさか》である。土雲討滅は物語だが、忍坂には天智・天武両天皇の父の舒明天皇の陵がある。陵の主体は径約四二メートルの八角墳で、舒明陵として誤りあるまい。さきほどの分岐点から七〇〇メートルぐらいのところで左へはいればよかったのだが、行きすぎて後もどりをする。奥まった谷あいの緑に包まれた陵である。さらに二〇〇メートルぐらい奥に額田王の姉かといわれる鏡女王の墓がある。舒明の妹か娘かとする説もある（この説については私に異見がある。拙著『額田王』〈『人物叢書』、吉川弘文館〉を参照されたい）。舒明陵の近くに、白鳳の優美な石仏のある石位《いしい》寺があるが、先を急ぐので素通りする。

もとの国道に戻り、下《さがり》尾《お》口《ぐち》というバス停の少し先の広い道を右へはいる。道は登り坂になり、右手に六世紀末ころの横穴式石室を持つ赤坂天王山古墳がある。蘇我馬子に暗殺された崇峻天皇の陵かともいう。この説は並川誠所の『大和志』〈『五畿内志』〈十八世紀前半〉の一つ〉にもみ

舒明天皇陵

鏡女王の墓

えるが、現在は桜井市倉橋の金福寺の遺跡が崇峻陵に治定されている（本書一三ページ）。ふたたびもとの道に戻り、少し行くと、国道が造られる前の旧道が国道の右下に現われる。その道を一・三キロほど行くと、めざす粟原の集落の入口である。粟原川の橋を渡り、急な坂を登っていくと、「粟原廃寺」の道標があり、迷わずに寺跡に着く。一二時二〇分であった。

寺跡は生垣に包まれた静寂な一郭、心礎を中心とする塔跡と、金堂跡らしい礎石群とがある。

赤坂天王山古墳

赤坂天王山古墳石室の入口

▶栗原寺跡への道

◀栗原寺跡

▶栗原寺跡の礎石群

寺の由緒は古代の文献には見えないが、銘のある塔の露盤が談山神社に所蔵され、比売朝臣額田の建立で、七一五年（和銅八）に成ったとある。建立者の額田は歌人の額田王とする説があるが、どうであろう。

男坂伝称地

半坂峠から説話の里、嬉河原へ

弁当で昼食をすませて、一二時五五分出発。集落の東北の端まで下り、大神宮と刻んだ石燈籠のところから山道にかかる。峠の標高は四四〇メートルで高度差は二〇〇メートルあり、軽皇子に供奉した柿本人麻呂は山道を「真木立つ　荒山道」とうたっている。相当の悪路かと覚悟していたが、それほどではなかった。分かれ道が二、三度あるが、右の方へ行けば大体いいようである。散り残った紅葉が険路を彩っていた。一時四〇分峠に到着。「男坂伝称地」という石碑が立つ。

大宇陀へ下る道は傾斜がゆるやかで、田畑もひらけ、峠

嬉河原からの眺望

の下の半坂の集落は裕福な村の気《け》はいがある。南天の赤い実がみのっていた。半坂峠から四〇〇メートルほどで、なだらかな小峠を越え、さらに四〇〇メートルぐらいで嬉《うれし》河原の集落への分かれ道がある。大宇陀へ下るだけなら本道をそのまま行けばよいのだが、嬉河原への道を取る。嬉河原は『日本霊異記』上巻の第十三話に見える漆部《うるしべ》里の遺称地かと思われる。「うるし」が「うれし」に転化したと考えるのである。この里に心の清い女性がいて、野草を摘んで食用としていたが、仙草が混じっていて、空を飛ぶことができるようになったという。その仙境が嬉河原らしい。行ってみると、山中なのに東に向かって開けた広い谷に立地し、眺望絶佳、遠く伊勢との境の山々も見える。『霊異記』の説話にふさわしい地である。

　山を下り、大宇陀区の西山のバス停についたのが三時。バスで近鉄の榛原駅へ出た。

（二〇〇〇年一月）

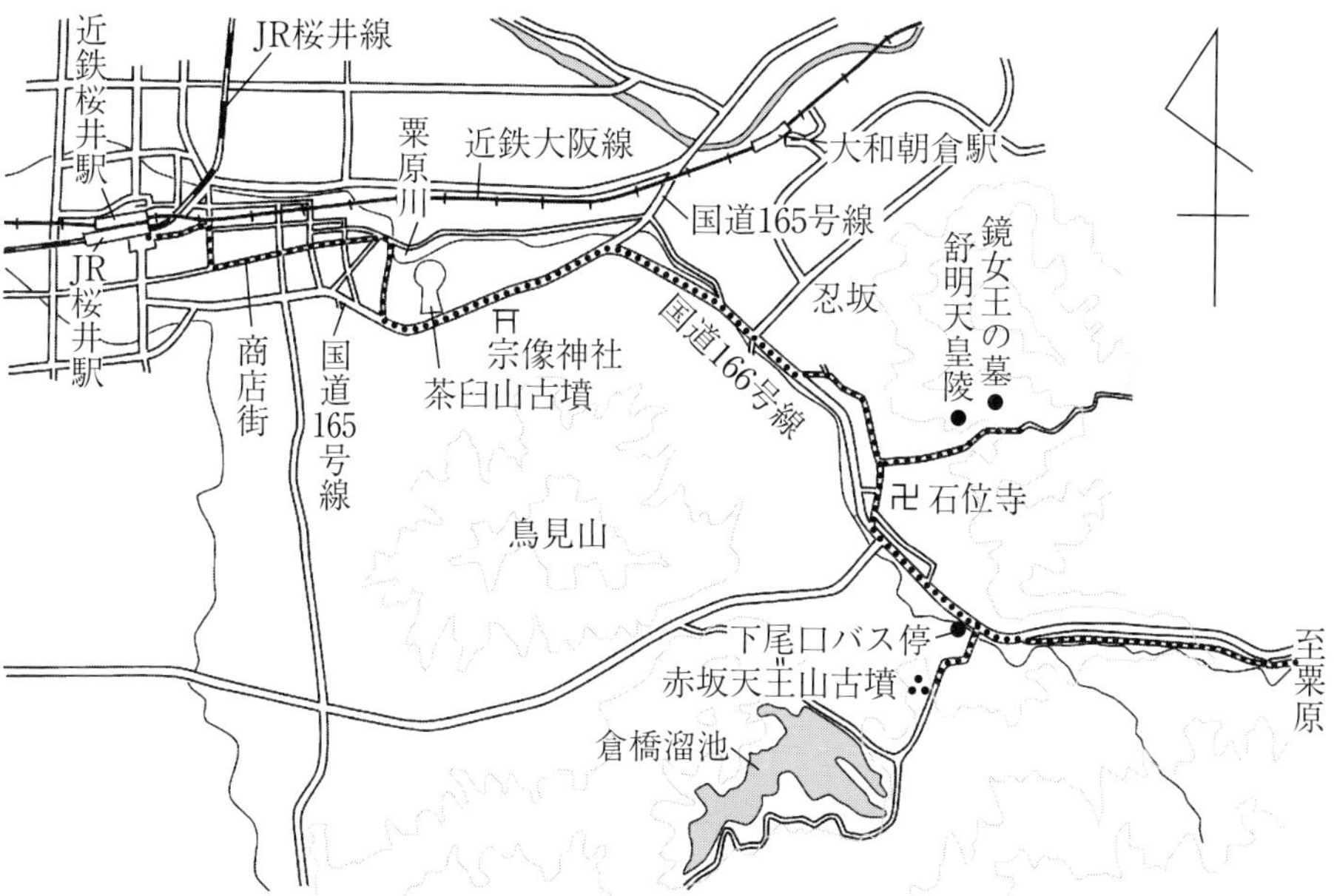

歴史散歩地図①　桜井から栗原へ

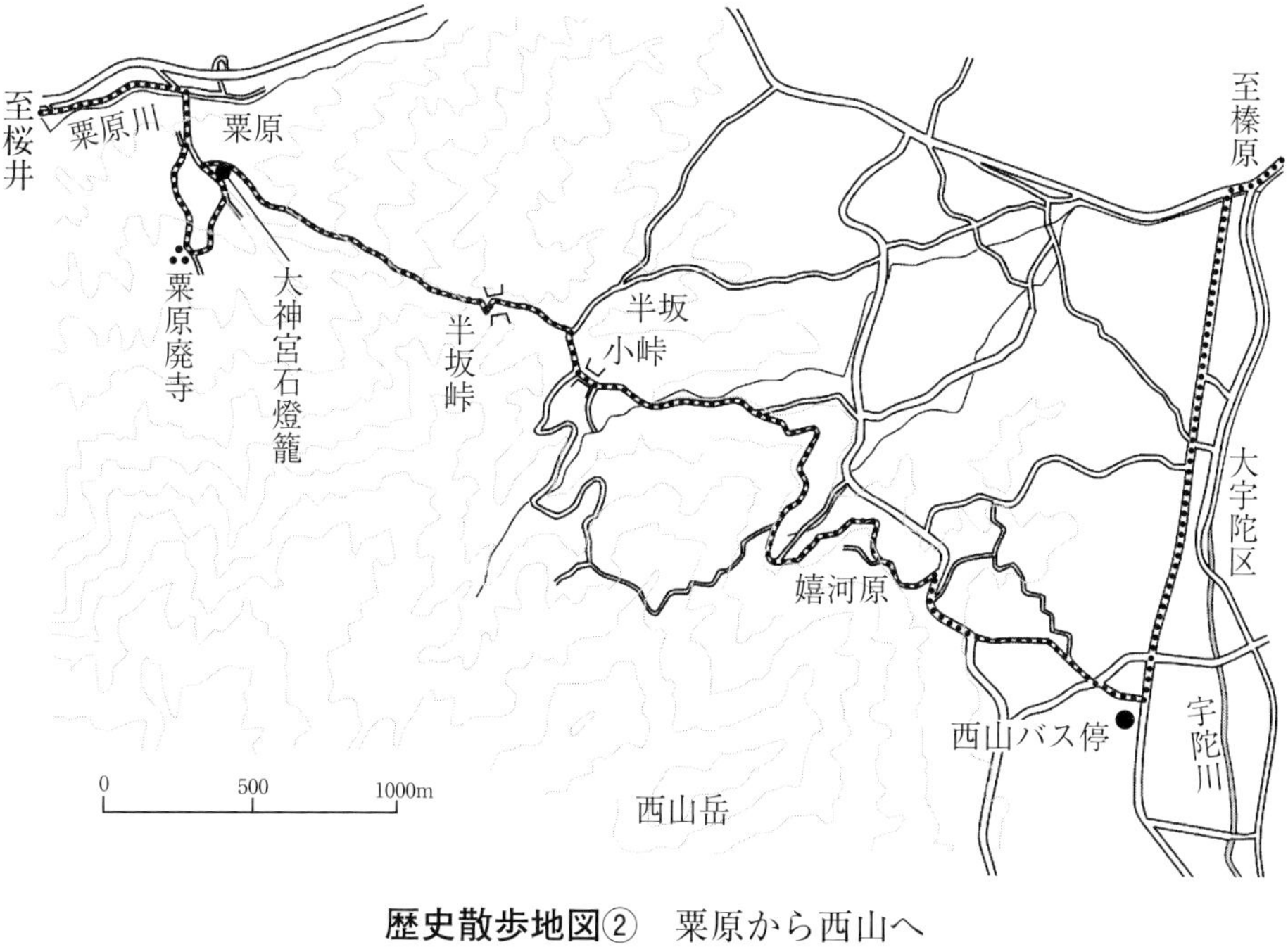

歴史散歩地図②　栗原から西山へ

飛鳥外縁部の遺跡

益田岩船・牽牛子塚など

岩屋山古墳石室の入口

現在、飛鳥は観光のメッカの一つである。春秋の好日に観光バスの列が続くのは珍しくない。今回は飛鳥の中心をはずし、その外縁部の遺跡を歩くことにする。

久米寺から益田岩船へ

二月中旬の某日、近鉄橿原《かしはら》神宮前駅を下車したのは朝の九時四〇分。駅の出口が、中央(北)・東・西と三つあるうち、西口を出る。西へ少し行くと、広い四辻へ出る。もう一本西北からくる道が以前からある古道で、その道を二〇〇メートルほど西北に行くと、右側に式内社の久米御《くめのみ》県《あがた》神社があり、その西側を北にまがるとすぐ久米寺である。出土の古瓦で創建は奈良時代前期に溯《さかのぼ》ることは早くから知られていた。

当時の建物は残っていないが、近年塔の心礎《しんそ》を含む礎石《そせき》が発掘された。門を入るとすぐ目につく。その他では平安時代後期の七重の石塔がある。平安時代初期、弘法大師空海の「益田池碑銘」に「来眼《くめ》精舎」とあるのは、この寺のことである。碑銘の現物は失われているが、銘文は『平安遺文』金石文編その他に収められている。

久米寺を建立したのは聖徳太子の弟の来目《くめ》皇子ともいわれるが、『日本書紀』神武紀に、天皇が大和平定に功のあった将軍大来目を畝傍《うねび》山の西の川辺に居らしめたとあるから、軍事氏族

久米寺礎石

久米寺七重の石塔

益田池堤跡

の来目氏の氏寺かと、私は考えている。
寺を出て、さきほどの道を西へ行くと、右側に墓地があり、戦死者の墓が五〇基近くならんでいる。大部分は太平洋戦争の死者であるが、一九〇四年（明治三十七）十一月、旅順二〇三高地での戦没者の墓もある。さらに西へ行くと、南から流れてくる高取川（桧隈《ひのくま》川・久米川ともいう）を渡る。久米仙人が飛行中、この川で洗濯する女の脛《すね》を見て「愛心たちまち発《おこ》り」通力を失って墜落《ついらく》したという有名な伝説がある（『和州久米寺流記』続群書類従）。この話は、神に仕える巫女《みこ》が川辺で神の来臨を待ち、神婚するという信仰がもとになっているのだろう（守屋俊彦氏説）。
橋を渡ったところに、高さ約八メートル、基底部で長さ四、五〇メートルの小丘があるが、古代に高取川を塞《せ》きとめて造った益田池の堤の残存部である。池は八二三年（弘仁十四）に着工したことが『日本紀略』にみえる。前述した空海の「益田池碑銘」は八二五年（天長二）の作である。地形から考えて、池は南北一・五キロ、東西一キロ余の広大なものであったはずだが、そのあとは今は整然たる住宅地となり、住宅・学校・公園に埋めつくされている。

大和名所図會（1791年〈寛政3〉編）にみえる益田岩船
名所図會には「高さ二丈許、縦二丈五尺、横一丈三尺」とある

住宅地の西寄りを南北に通ずる幹線道路を堤の遺跡から約一キロ南へ行くと、矢印をして「益田《ますだの》岩《いわ》船《ふね》四〇〇M」と記した道標がある。三〇〇メートルほど行くと、道路の西側の丘へ登る階段がある。比高四、五〇メートルの丘の上にある益田岩船への入口である。若

越の集落

い時は藪《やぶ》の中の急坂をガサガサと一息《ひといき》で登ったが、今は途中で二息も三息も入れてやっと登りつく。そこには益田岩船と呼ばれる特大の花崗岩《かこうがん》の巨石遺物が悠然とよこたわっている。

東西一一メートル、南北八メートル、高さ約五メートルの巨石で、上面に一・六メートル四方、深さ一・三メートルの孔《あな》二個を穿《うが》つ。用途については益田池碑の台石説、天武朝に造られた占星台の基礎説、さらにはペルシャ人の伝えたゾロアスター教(拝火教)の祭壇説まで諸説があるが、合葬用の横穴式の墓石とする説が有力である。孔が水平方向になるように置き直し、二人の人物を葬ったと見るのである。なぜこのような所に放置されているかは、明らかでない。

岩屋山古墳から牽牛子塚へ

ゆっくり休んで一一時半に出発。住宅地の奥まで行くと丘の麓に中学校がある。その前を東に折れる。近くに住宅地の中心を南北に通ずる幹線道路があるが、その道はやがて東へまがり、高取川を渡って川の東を南北に走る国道一六九号線に合流する。次の目的地の明日香村越《こし》の岩《いわ》屋山《ややま》古墳は高取川の西にあるので、幹線道路は通らず、その南の道を取り、川と畑の間を通って、越の集落に入る。

集落は丘の斜面にあり、集落に入って少し登ると右手の一段高い所に岩屋山古墳がある。全長一六メートルの長い横穴式石室（玄室長は五メートル）を持つ典型的な七世紀前半の古墳である。開口しているので、自由になかに入れる。切石《きりいし》で堅固に構築された内部の状態は、一九四一年（昭和十六）にはじめて見学したときとほとんど変わっていないのが有難い。

牽牛子塚古墳石室入口

次は牽牛子《けんごし》塚古墳。「牽牛子塚へ五〇〇メートル」という道標に従って越の集落のある丘を西南側へ越える。そこからはそんなに遠くないはずだが、細い道が迷路のように錯綜《さくそう》し、そのうえ新しい広い道ができている。一〇年ぐらい前に来たことがあるのだが、わかりにくい。大体の見当で歩いて行くと、特別養護老人ホーム「あすかの里」の前に出た。その施設の左手に「牽牛子塚三〇〇M」の道標がある。そこからは一本道で無事めざす古墳にたどりついた。横穴式古墳だが、巨大な凝灰岩《ぎょうかいがん》にほぼ同型同大の墓室が二つ、ならべて刳《く》り抜いて造られている。

墓室はそれぞれ高さ一・三メートル、幅一・二メートル、奥行二・一メートル、両室の間隔〇・五メートルである。その形状は益田岩船のそれに類似する。岩船を墓石とする考えは主としてこの類似による。

この古墳でもう一つ注目されるのは、被葬者は六六一年（斉明七）没の斉明天皇かとも思われることである。理由は、墳丘が八角形らしいこと、七宝の飾金具など華麗な遺物が残存すること、さらに斉明天皇は娘の間人《はしひと》皇女と合葬されたことが『日本書紀』で知られることなどによる。

飛鳥南西の遺跡

帰りはもと来た道をもどるのが安全である。岩屋山古墳から三分で近鉄飛鳥駅に行ける。時間は午後の一時に近い。駅の近くの喫茶店で休憩・昼食。これで歴史散歩を終ってもよいが、余力のある人は高松塚古墳やキトラ古墳へ行って見ればよい。徒歩での所要時間は次の通り。

飛鳥駅―（一〇分）―飛鳥歴史公園館―（五分）―中尾山古墳―（五分）―高松塚古墳―（一〇分）―文武天皇陵―（二五分）―桧隈寺跡―（一五分）―キトラ古墳―（二五分）―壺阪山駅

歩くだけなら一〇〇分未満の行程である。

（二〇〇五年二月）

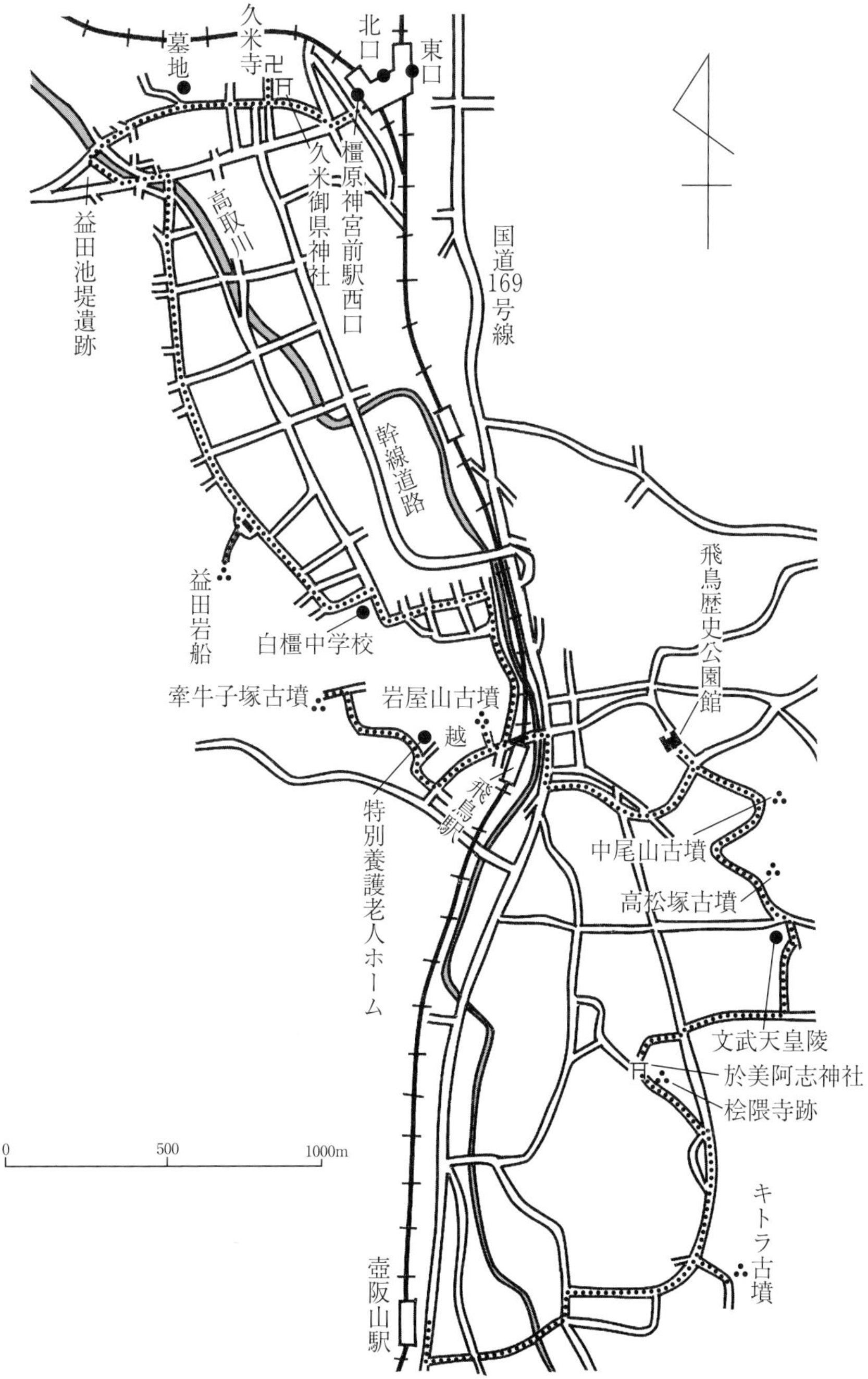
久米寺
墓地
北口
東口
橿原神宮前駅西口
久米御県神社
益田池堤遺跡
高取川
国道169号線
幹線道路
益田岩船
白橿中学校
牽牛子塚古墳
岩屋山古墳
越
飛鳥駅
特別養護老人ホーム
飛鳥歴史公園館
中尾山古墳
高松塚古墳
文武天皇陵
於美阿志神社
桧隈寺跡
キトラ古墳
壺阪山駅
0
500
1000m

歴史散歩地図

飛鳥の新しい遺跡

植山古墳・亀形石

甘樫の丘の上から飛鳥を望む

飛鳥の地は奈良市周辺とならんで史跡・遺跡が多く、有名すぎるところなので、いままであまり取りあげなかったが、昨年（二〇〇〇年〈平成十二〉）一月には飛鳥寺の東南から亀形石、八月には近鉄岡寺駅の東北にある見瀬《みせ》の丸山《まるやま》古墳の東方から、推古天皇の最初の墓と考えられる植山《うえやま》古墳の石室が発掘される、という思いがけない発見があった。今回はそれを含めて飛鳥を歩いてみた。

久米寺から植山古墳へ

一行三人は二月中旬の某日、一〇時半に近鉄橿原神宮前駅に集合。今年の冬は寒い日が多かったが、この日は快晴の上に暖気にもめぐまれた。午前のコースは、前回の「飛鳥外縁部の遺

見瀬の丸山古墳

跡」とほぼ同じなので、簡略に記す。

前回と同じく駅の西口から出発する。道標に導かれて西北へ行くと、すぐ久米寺である。聖徳太子の弟の久米皇子の建立とか、久米仙人の創立とか諸説があるが、久米直氏の氏寺ではあろう。寺の南に久米の集落がある。その中を通る旧道を西へ行き、集落を出はずれると、東南から流れてくる高取川（久米川・桧隈《ひのくま》川ともいう）を渡る。

平安時代初期にこの川をせきとめて益田池という大きな池を造ったことが、『日本紀略』などにみえる。現在、高取川をせきとめた堤は、高さ八メートルほどの小丘となって残っているが、池はなくなり、池のあとはすべて新興の住宅地となって民家が立ちならび、その中を高取川が東南から西北に流れている。住宅地の西を限る丘の裾を少し登ったところに、益田の岩船と呼ばれるふしぎな巨石があることも、前回に記した。

益田の岩船から東へ約一キロのところに近鉄岡寺の駅がある。駅前の食堂で昼食をとる。一時になっていた。食堂のすぐ前、道をへだてて大きな前方後円墳がある。所在地の地名をとって見瀬の丸山古墳とよぶ。かつては円墳と考えられていたが、一九四〇年代に航空写真により、前方後円墳と確認された。墳丘の全長は三一八メートルあり、奈良県最大の古墳である。後期の古墳で、長大な石室のあることは江戸時代から知られていたが、最近の調査で玄室長八・三メートル、羨道《せんどう》を含めた全長二八・四メートル、日本最大の横穴式石室であることが判明した。被葬者は、欽明《きんめい》天皇・宣化《せんか》天皇・蘇我稲目など諸説がある。

目ざす植山古墳は、見瀬の丸山古墳の後円部の約四〇〇メートル東である。食堂の前を通っている国道一六九号線をすこし北へ行き、丸山古墳の後円部を見上げる所で、東南へ入る道をとる。そこに「史跡丸山古墳展望広場」という一郭があり、丸山古墳の大きさを実感できる。その道に従って後円部を半周したところで右（東）への道に曲って少し行くと八咫烏《やたがらす》大明神《だいみょうじん》という神社があり、さらに進むと正楽寺という寺がある。めざす植山古墳は、この寺の東北にある岡の南面にあるのだが、現在は調査のあと埋めもどされてまったく実見することはできない。埋めもどす前に遺跡を詳しく観察する機会があったので、次にその見聞を記すと、大きな丘陵の南面部分を整形した長方形の古墳で、東西約四〇メートル、南北約二七メートルを計る。主体部は南に開口する二基の横穴式石室で、東西に並んで設けられ、形は似ているが、東石室の方がやや大きい。築造年代は東石室が六世紀末、西石室が七世紀前半と考えられるという。

発掘調査中の植山古墳　東石室

◀ 植山古墳　西石室

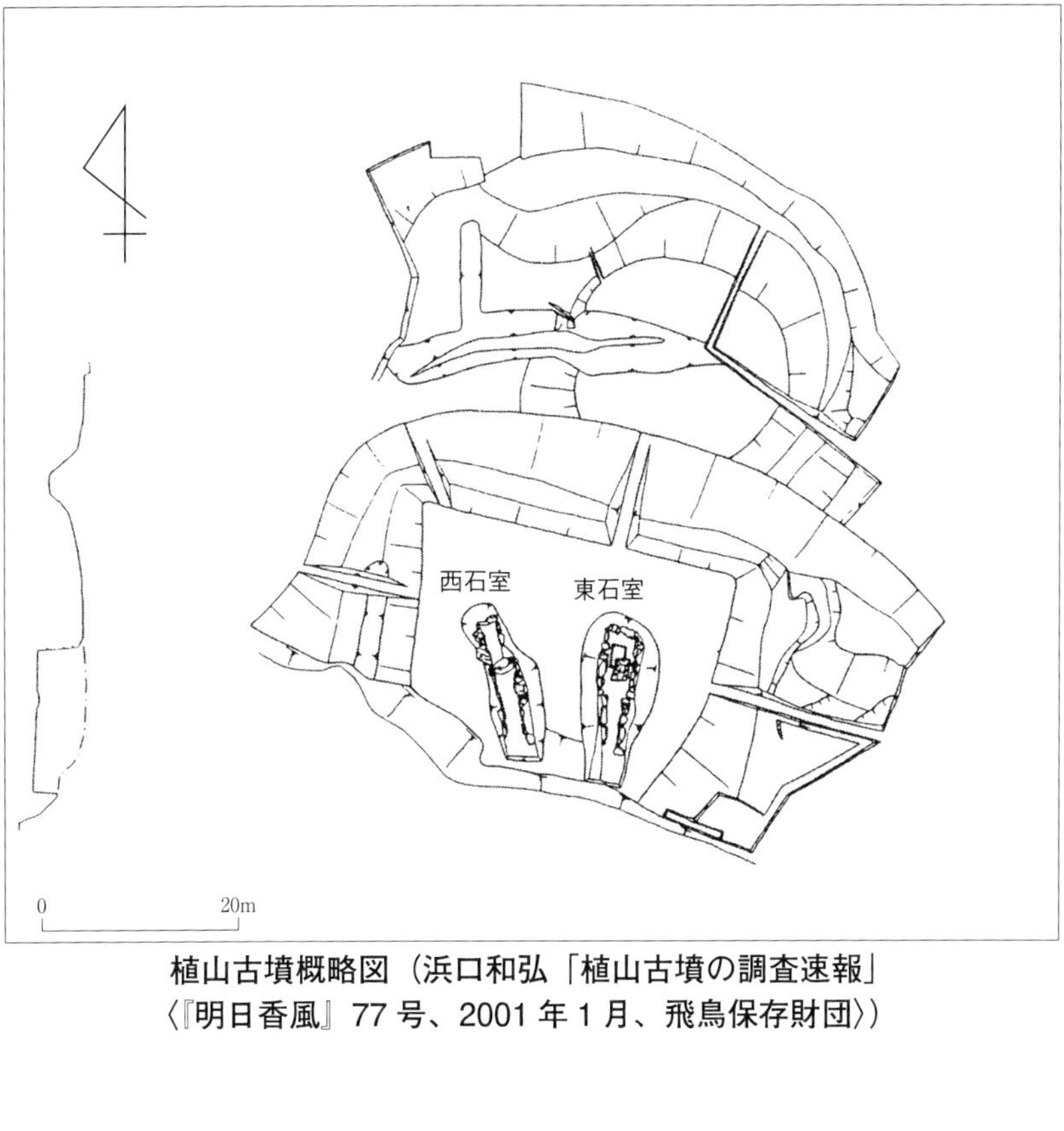

植山古墳概略図（浜口和弘「植山古墳の調査速報」
〈『明日香風』77 号、2001 年 1 月、飛鳥保存財団〉）

大きなちがいは、東石室には熊本県産の阿蘇ピンク石（阿蘇溶結凝灰岩）で造られた家型石棺が存したが、西石室には石棺は残っていなかった。しかし玄室内に阿蘇ピンク石の破片が残存しているので、西の石室にも同様な石棺が収められていたと考えられる。この西石室を推古天皇の葬られた墓室とみるのである。理由は、(1)推古の没年が六二八年（推古三十六）で、石室の年代と合うこと、(2)推古は遺詔して、自分のために陵を造ることなく、さきに没した竹田皇子（推古の実子）の陵に葬るべし、と言っていること、(3)竹田皇子の没年は不明だが、六世紀末ごろの可能性が高いこと、(4)『古事記』の推古記に、「御陵は大野の岡の上に在りしを、後に科長の大陵に遷せり」とあること、などによる。

推古天皇は、若くして没した竹田皇子を愛惜し、自分が死んだら竹田皇子を葬った大野の岡の墓に葬るよう遺言《ゆいごん》し、そのように運ばれたが、その後蘇我氏とかかわりのある天皇の墓を河内の科長《しなが》（磯長）の盆地に集めることになり、推古の遺骸も大野の岡から科長に運ばれた。そのとき石棺もともに運ばれたので、推古の葬られた西の石室には石棺がなく、石棺の残っている東の石室が竹田皇子の石室である、と考えられるからである。

飛鳥中心部の遺跡

正楽寺から植山古墳のある岡を北から東へひとめぐりして、近鉄岡寺駅から岡寺方面へ行く道へ出、その道を東へ行く。北に川原寺、南に橘寺が見えてくる。飛鳥の中心へはいるわけだが、時間の関係で寺には立ち寄らずに直進、飛鳥川を渡ると岡寺のある寺のふもとの岡の集落である。集落の中の道を南へすこし行くと、左側に和風・黒壁の犬養万葉記念館がある。犬養孝先生は飛鳥の保存にも大きな功績があった。入場料三〇〇円。ここから石舞台古墳へは一〇分ほどで行ける。

酒船石

亀形の石造物

亀形の石造物出土の現場

もと来た道をもどり、岡の集落を通り抜けて北へ進み、天理教会のところを右にはいる。左に折れて階段を登ってゆくと、岡の上に酒船石《さかふねいし》がある。本居宣長も一七七二年（明和九）に大和めぐりをした途次、ここを尋ねて酒船石の形状をくわしく記録し、「そも〳〵此石、いづれかの世にいかなるよしにて、かくつくれるにか、いと心得がたき物のさまなり」（『菅笠日記』）と嘆じている。この石もいまなら無料で見られるが、そのうち見学料がいるようになるかもしれない。

いったん岡を下りて北側へまわると、昨年一月に出土した亀の形の奇妙な石造物が見られる。四時まで公開ということで、私たちがここに着いたのは四時半になっていたが、見ることができた。この時は無料だったが、現在は入場料三〇〇円がいる。亀は甲羅の径が約二メートル、頭から水を受け、尾のところから排水する。私は庭園を飾る施設と思うが、儀式用とも祭祀用ともいわれる。周囲は石敷の広場で、スタンドのような石の階段もある。

すぐ北に奈良県立万葉文化館（二〇〇一年開館）と、富本銭をはじめ七世紀の遺物を多数出土した飛鳥池工房遺跡があるが、見学するには時間がおそすぎた。飛鳥寺の西の蘇我入鹿の首塚と伝えられる五輪塔を見たりしていると五時半近くになった。飛鳥寺の前でバスを待っていたら、タクシーが通りかかったので、それで橿原神宮前駅へ帰った。

（二〇〇一年二月）

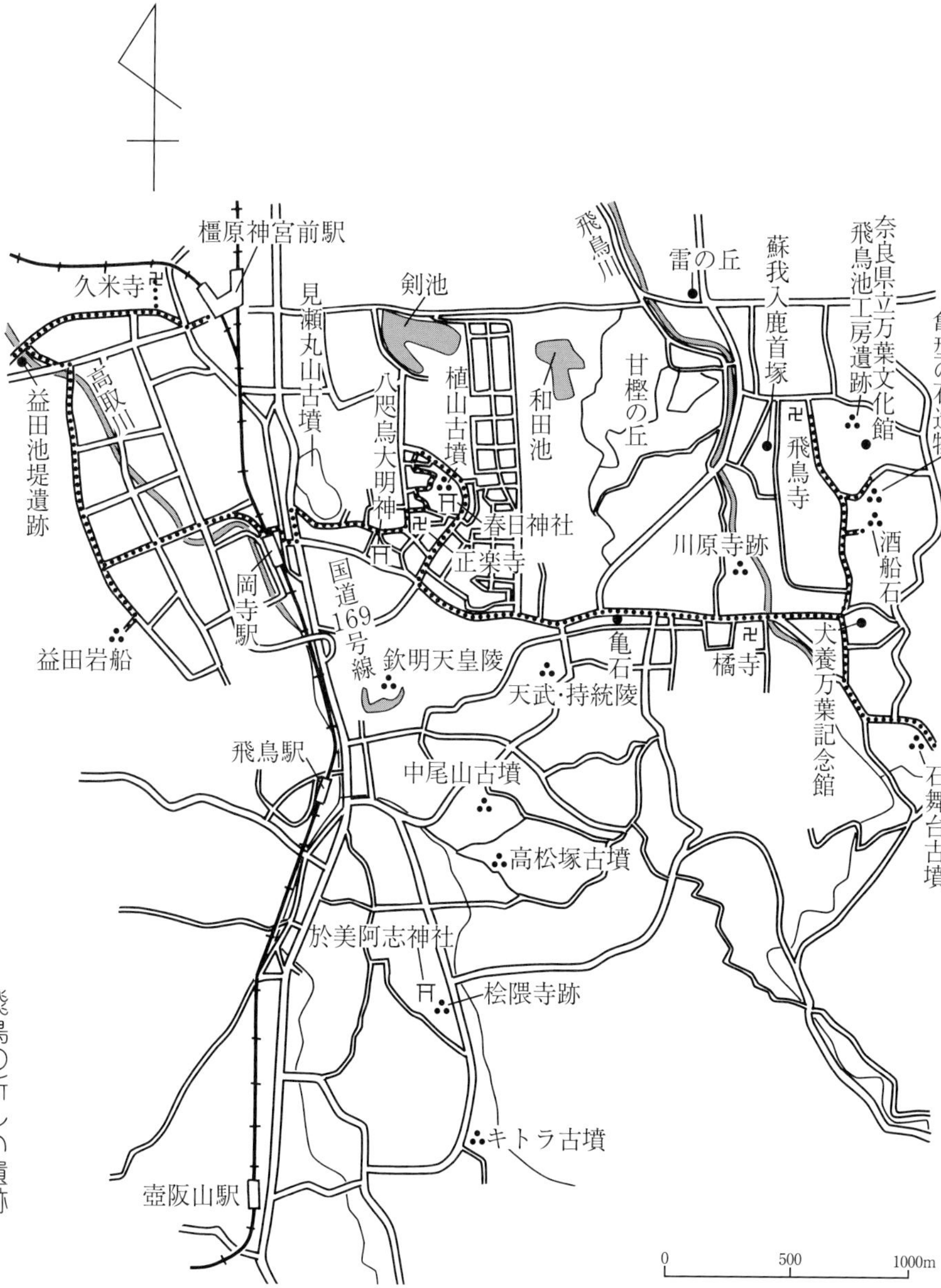

橿原神宮前駅
久米寺
益田池堤遺跡
高取川
益田岩船
岡寺駅
見瀬丸山古墳
剣池
八咫烏大明神
植山古墳
春日神社
正楽寺
国道169号線
欽明天皇陵
和田池
飛鳥川
雷の丘
甘樫の丘
蘇我入鹿首塚
飛鳥寺
奈良県立万葉文化館
飛鳥池工房遺跡
亀型の石造物
酒船石
川原寺跡
亀石
橘寺
天武・持統陵
犬養万葉記念館
石舞台古墳
飛鳥駅
中尾山古墳
高松塚古墳
於美阿志神社
桧隈寺跡
キトラ古墳
壺阪山駅
0
500
1000m

歴史散歩地図

南山城の宮跡・古寺

恭仁宮を中心に

恭仁宮跡の風景

今回の散歩は南山城《やましろ》の史跡をめぐる。古い郡名では相楽郡だが、そのうちの加茂・山城・木津の三町の地域を巡歴する。めぐる史跡の数は多いが、目玉は加茂町にある聖武朝の恭仁宮《くにのみや》である。二月中旬の某日、JR奈良駅発九時三〇分の列車に乗り、木津を経て関西線の加茂駅に九時四三分に着いた。

今回の行には恭仁宮跡調査専門委員会の委員長中尾芳治氏と加茂町教育委員会の芝野康之氏が同行して下さり、一行五人ながら豪華メンバーとなった。まず駅の前から船屋商店街の通りを北へ行く。この道は大和・山城から伊賀へ通じる伊賀街道の一部だが、北へ直進すると、かつて木津川の南岸にあった船着場に通じ、昔から加茂の宿《しゅく》の中心として栄えた通りである。通りに面して江戸中期の屋敷や幕末の造り酒屋の建物が現存する。

恭仁大橋から恭仁京へ

木津川の堤の手前で東へまがり、恭仁大橋へ通ずる広い道を越え、二〇〇メートルほど行って街道と分かれ、北へ道をとると、やがて式内社の岡田鴨神社がある。『山城国風土記』逸文によると、京都の上賀茂神社の祭神・賀茂建角見《かものたけつのみ》命はもと大和の葛城《かつらぎ》山におり、「山代国岡田之賀茂」を経、山代川（木津川）を下って現在の京都上賀茂の地に至ったという。この伝承に見える「岡田之賀茂」の地で建角見命を祭ったのが岡田鴨神社の起源だというのである。平城遷都にともなって設置された相楽郡岡田駅の地もこの神社の付近に想定されている。また神

船屋商店街

岡田鴨神社

社から木津川をへだてて東北一キロあまりの地に「銭司《でず》」の地があるが、奈良時代に和銅開珎《わどうかいちん》を鋳造《ちゅうぞう》した所であろう。

さきほどの広い道にもどり、木津川にかかる恭仁大橋を渡る。橋の北のたもとに『万葉集』巻六—一〇三七の大伴家持《おおとものやかもち》の歌、

今造る　久邇《くに》の都は　山川の　清《さや》けき見れば　うべ知らすらし

を刻んだ大きな歌碑がある。聖武天皇が恭仁に遷都《せんと》したのは七四〇年（天平十二）十二月から七四四年閏正月まで、三年二ヵ月ばかりの短期間であったが、大極殿《だいごくでん》や内裏《だいり》と若干の官衙《かんが》の遺構と、それ囲む南北約七五〇メートル、東西約五六〇メートルの土塀のあとが検出されている。これが恭仁宮である。

大伴家持の歌碑

大橋の北づめから二〇〇メートルくらいのところを西へはいると岡崎の集落があり、集落のすこし北には前述した宮を囲む南面の土塀がつらなっていたはずである。しかしいまは冬枯れの耕地がひろがっているだけで、地表にその痕跡は残っていない。細い農道をたどって宮内にはいり、西に折れて大極殿中軸線の延長にあたると思われる道を、さらに北に行くと、前方に

恭仁宮大極殿跡

山城国分寺跡

うす緑色の鉄塔のようなものが見える。宮跡を南北に分断して東西に走る国道一六三号線を渡る歩道橋で、大極殿への目じるしになる。歩道橋を渡るとすぐ北に恭仁小学校があり、大極殿はその裏（北側）にある。

発掘調査によって大極殿は、東西約六〇メートル・南北約三〇メートル・高さ一・八メートルの基壇の上に建ち、東西五〇メートル・南北二〇メートル、桁行《けたゆき》九間・梁間《はりま》四間の壮大な建築であることが分かった。わずか三年余の宮にしては大きすぎる感があるが、はじめから三年で移転すると考えていたのではない。平城宮第一次大極殿とほぼ同規模で、これを移建したとすれば大きすぎるという疑問は解消する。七四五年に都が紫香楽《しがらき》から平城にもどって以後は、山背（城）国分

▲海住山寺の五重塔

寺が宮を引き継ぎ、大極殿を金堂として利用したのであろう。当時の礎石《そせき》は今も四個遺存する（うち二個は原位置）。
国分寺が恭仁宮を引きついだことは、『続日本紀』天平十八年九月条に「恭仁宮の大極殿、国分寺に施入す」とあるのでわかるが、現に大極殿の東南東一二〇メートルのところにみごとな塔の礎石群が遺存することでも知られる。礎石の総計一七個のうち、心礎を含めて一五個も遺存する。現在、恭仁宮で目立つ遺跡は大極殿（金堂）跡と塔跡の二ヵ所である。時刻は正午をすぎていた。

海住山寺から上狛へ

つぎにめざすのは宮跡の北の山の中腹、標高二〇〇メートルの所にある海住山寺《かいじゅうせんじ》である。距離は約一・五キロだが、徒歩なら四、五十分はかかるだろう。芝野さんが車を手配して送って下さったので助かった。寺の創立の時期は明確ではないが、平安前・中期ごろ山岳寺院として成立したのではあるまいか。平安末期に火災にあい、鎌倉初期の一二〇七年（承元元）、解脱《げだつ》上人貞慶《じょうけい》によって再建された。いま本堂に平安初期ごろと思われる十一面観音が本尊として安置され、本堂の左手に一二一四年（建保二）建立の優美な五重塔が建つ。本堂の拝観料は三〇〇円。境内からは恭仁盆地が一望のもとに見えるはずだが、風がつめたい上に時間にせかれ、本堂を出るとよびよせたタクシーにすぐに乗りこんでつぎの目的地へむかった。

車はもときた道を駆けおり、国道一六三号線にはいって恭仁宮跡を東から西に抜け、木津川の清流の右岸を走って山城町にはいり、道の右の山すそにある京都府立山城郷土資料館でとまる。恭仁宮跡から三キロあまり、海住山寺からのタクシー料金約二五〇〇円、資料館の入館料は二〇〇円である。応接室を借りて持参の弁当を食べる。時刻は一時半になっていた。

▲高麗寺跡

食後、資料館を見学。加茂町南部の浄瑠璃寺、京田辺市の一休《いっきゅう》寺《じ》、宇治市の平等院を含む南山城の歴史が遺物・模型・写真などでわかりやすく展示されている。

二時半、わたしたちは資料館を出発したが、これからの散歩のことは、紙面の関係でコースだけを記すことでお許しいただきたい。まず、館から西へ約八〇〇メートルの高麗寺《こまでら》跡をみる。地上に遺構は残っていないが、発掘によって創建は飛鳥時代、東に塔、西に金

泉橋寺

◀平重衡の墓

堂のある法起寺式の伽藍配置であることがわかった。このあたりは地名も上狛《かみこま》といい、高句麗《こうくり》系の渡来民の多かった地であろう。さらに西進してＪＲ奈良線をこえてすこし行き、南への道を取る。木津川の堤につきあたった所、堤の下に七四〇年僧行基の建立と『行基年譜』にみえる泉橋院（寺）がある。堤へ上り、泉大橋で木津川を渡り、左岸の堤の下にある和泉式部《いずみしきぶ》の墓と、安福寺の平重衡《しげひら》の墓に詣でる。前者は伝説にすぎないが、後者は鎌倉期の十三重の石塔もあって信憑《しんぴょう》性がある。重衡は平清盛の五男。南都焼打ちの責任者として、一一八五年（文治元）に木津川原で処刑された。時に二十九歳。散歩の終着点、ＪＲ木津駅には四時一五分に着いた。

（二〇〇六年二月）

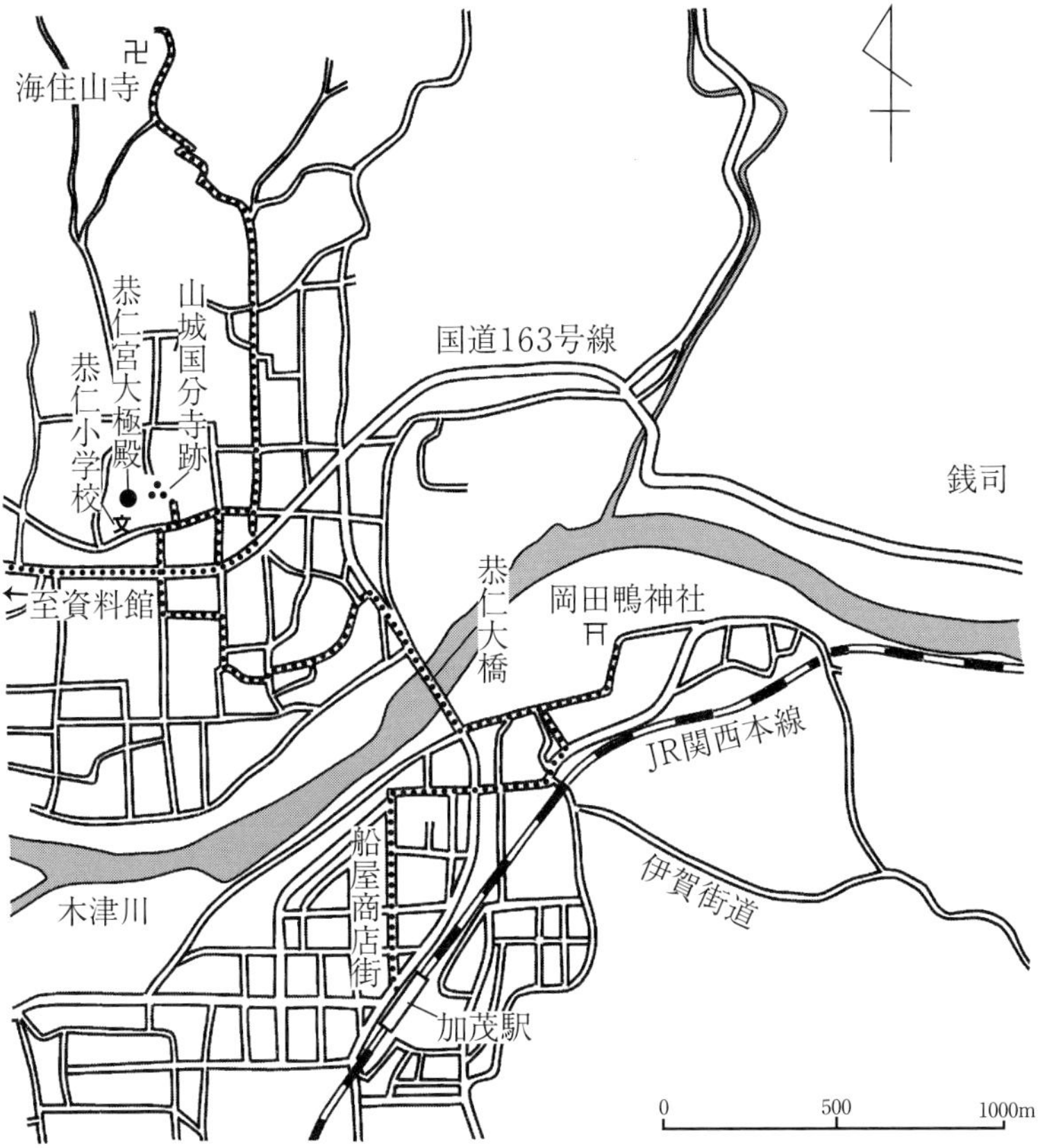

歴史散歩地図① 午前のコース

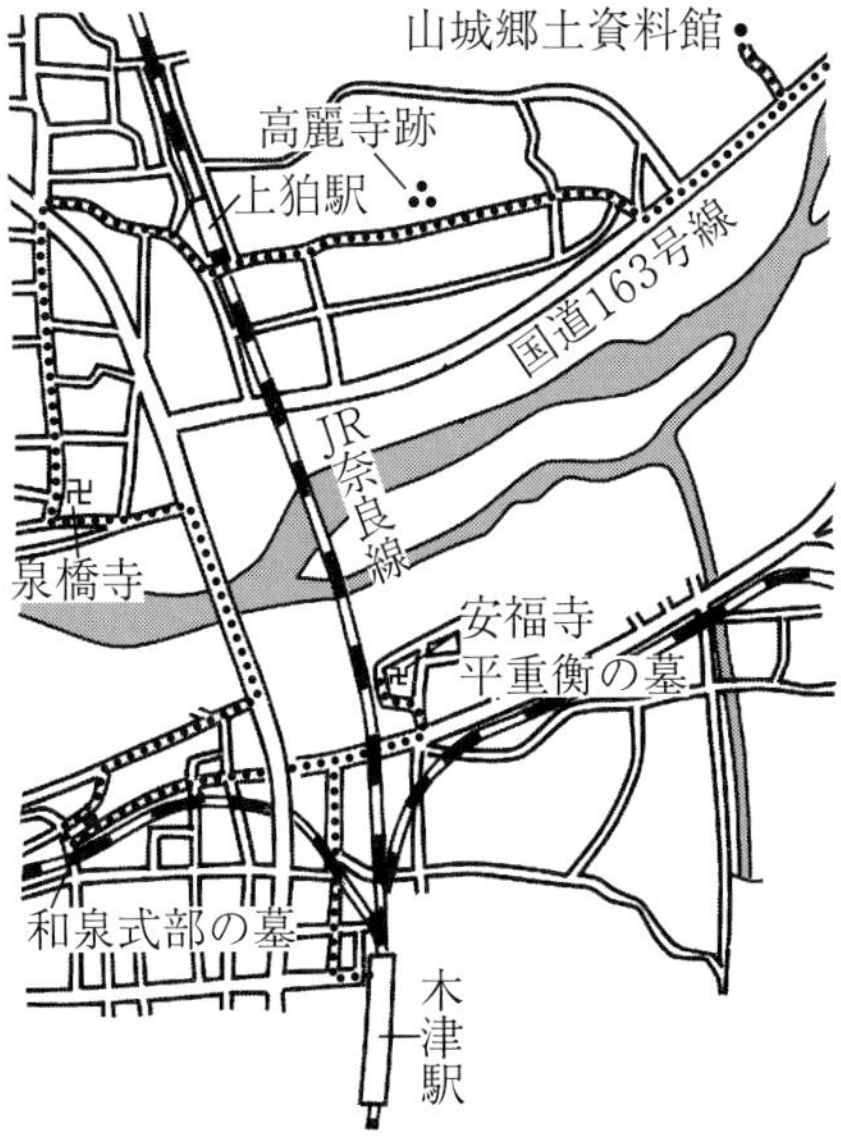

◀ **歴史散歩地図②** 午後のコース

初出一覧

歴史散歩の楽しみ　秋・冬　新稿

秋

多武峯・宮瀧の秋を訪ねて　原題「大和と文人たち 山本有三先生」（『新編　私の法隆寺』塙新書六九、一九九四年）
大和三山と藤原宮　『本郷』五六号（二〇〇五年三月）
金剛登山　『ぽっぽ』二二七号（二〇〇一年十一月）
女人高野への道　原題「大和山間部の遺跡」（『本郷』六一号、二〇〇六年一月）
都祁の山道と毛原廃寺　『ぽっぽ』二一五号（一九九九年十一月）
芭蕉の足跡と当麻路　『ぽっぽ』二二一号（二〇〇〇年十一月）
馬見古墳群めぐり　『ぽっぽ』二一〇号（一九九九年一月）

冬

奈良のお正月　『日本歴史』三六八号（一九七九年一月）
大和古墳群をめぐる　原題「下池山・中山大塚と黒塚古墳」（『ぽっぽ』二〇五号、一九九八年三月）
河内の古寺巡礼　『本郷』六二号（二〇〇六年三月）
葦垣宮と上宮遺跡　『ぽっぽ』二〇四号（一九九八年一月）
香芝から王寺へ　原題「六・七世紀の古墳と古寺」（『ぽっぽ』二二二号、二〇〇一年一月）
桜井から大宇陀へ　『ぽっぽ』二一六号（二〇〇〇年一月）
飛鳥外縁部の遺跡　『本郷』五七号（二〇〇五年五月）
飛鳥の新しい遺跡　『ぽっぽ』二二三号（二〇〇一年三月）
南山城の宮跡・古寺　『本郷』六三号（二〇〇六年五月）

ブックガイド　秋・冬

奈良の歴史散歩に関する著者の本

『奈良―古代史への旅―』岩波新書青版七八二　岩波書店　一九七九年
『古代を考える　奈良』吉川弘文館　一九八五年
『古代遺跡見学』岩波ジュニア新書一〇八　岩波書店　一九八六年
『持統天皇』人物叢書　吉川弘文館　一九六〇年
『額田王』人物叢書　吉川弘文館　二〇〇七年
『新編　わたしの法隆寺』塙新書六九　塙書房　一九九四年
『秋篠川のほとりから』塙新書七〇　塙書房　一九九五年
『法隆寺の里―わたしの斑鳩巡礼―』旺文社文庫　旺文社　一九八四年

『夜の船出―古代史からみた万葉集―』 塙書房 一九八五年
『万葉集と古代史』 歴史文化ライブラリー九四 吉川弘文館 二〇〇〇年
『神話と歴史』 歴史文化セレクション 吉川弘文館 二〇〇六年
『飛鳥―その光と影―』 歴史文化セレクション 吉川弘文館 二〇〇七年
『壬申の乱 増補版』 塙選書 塙書房 一九九二年
『古代史の真実を探求して』 対話講座なにわ塾叢書六六 ブレーンセンター 一九九七年
直木孝次郎・鈴木重治編著『飛鳥池遺跡』 ケイ・アイ・メディア 二〇〇〇年
直木孝次郎・鈴木重治編著『飛鳥池遺跡と亀形石』 ケイ・アイ・メディア 二〇〇一年

『万葉集』に関する本

土屋文明著『万葉集私注 全一〇巻』 筑摩書房 一九六九～七〇年
高木市之助他校注『万葉集 全四巻』 日本古典文学大系 岩波書店 一九五七～六二年
佐竹昭広他校注『萬葉集 全四巻』 新日本古典文学大系 岩波書店 一九九九～二〇〇三年
佐竹昭広他編『萬葉集索引』 新日本古典文学大系別巻 岩波書店 二〇〇四年

澤瀉久孝著『万葉集注釈　全二〇巻』中央公論社　一九五七〜七〇年
小島憲之他著『万葉集　本文篇・訳文篇』塙書房　一九六三〜七二年
青木生子他著『万葉集　全五巻』日本古典集成　新潮社　一九七六〜八四年
小島憲之他著『万葉集　全四冊』新編日本古典文学全集　小学館　一九九四〜九六年
伊藤　博著『万葉集釈注　全一一巻』集英社　一九九五〜九九年
澤瀉久孝・森本治吉著『作者類別年代順万葉集』新潮社　一九三二年
土屋文明著『万葉集年表 第二版』岩波書店　一九八〇年
伊藤　博・稲岡耕二他著『万葉集全注　全二〇巻』有斐閣　一九八三年
斎藤茂吉著『万葉秀歌　上・下』岩波新書　岩波書店　一九三八年
伊藤　博・稲岡耕二編『万葉集を学ぶ　全八集』有斐閣選書　有斐閣　一九七七〜七八年
稲岡耕二編『万葉集必携』学燈社　一九九一年
犬養　孝著『改訂新版　万葉の旅　全三巻』平凡社ライブラリー　平凡社　二〇〇三年
犬養　孝著『万葉の里』IZUMI BOOKS　和泉書院　二〇〇七年
阿蘇瑞枝著『万葉集全歌講義』全一〇巻（既刊四巻）笠間書院　二〇〇六〜〇八年

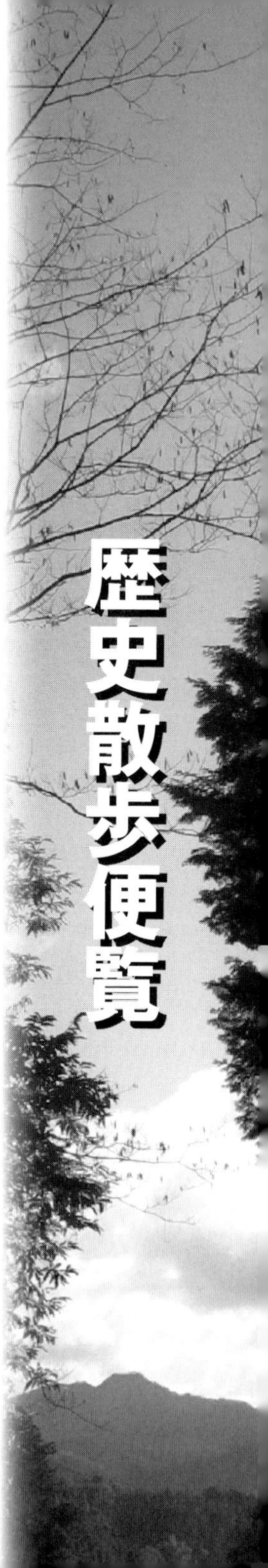

歴史散歩便覧

◆博物館・美術館など

奈良国立博物館
奈良県奈良市登大路町
0742―22―7771
月休（祝日の場合、翌日）

奈良県立美術館
奈良県奈良市登大路町
0742―23―3968
月休（祝日の場合、翌日）

奈良県立図書情報館
奈良県奈良市大安寺西
0742―34―2111
月休（祝日の場合、翌日）、毎月末日

入江泰吉記念奈良市写真美術館
奈良県奈良市高畑町
0742―22―9811
月休（祝日の場合、翌日）

志賀直哉旧居
奈良県奈良市高畑大道町
0742―26―6490
木休（祝日の場合、前日）

依水園・寧楽美術館
奈良県奈良市水門町
0742―25―0781
火休（祝日の場合、翌日）

なら工藝館
奈良県奈良市阿字万字町
0742―27―0033
月休（祝日の場合、翌日）

奈良文化財研究所図書資料室
奈良県奈良市二条町
0742―30―6754
土・日・祝日休

平城宮跡資料館／遺構展示館
奈良県奈良市二条町／佐紀町
0742―30―6753
月休（祝日の場合、翌日）

平城宮朱雀門・東院庭園
奈良県奈良市二条大路南
月休（祝日の場合、翌日）

大和文華館
奈良県奈良市学園南
0742―45―0544
月休（祝日の場合、翌日）

元興寺総合収蔵庫
奈良県奈良市中院町
0742―23―1376
年末・年始休

奈良大学博物館
奈良県奈良市山陵町
0742―44―1251
日・祝、入試期間休

奈良県立民俗博物館
奈良県大和郡山市矢田町
0743―53―3171
月休（祝日の場合、翌日）

唐古・鍵考古学ミュージアム
奈良県田原本町阪手
0744―34―7100
月休

奈良文化財研究所飛鳥資料館
奈良県明日香村奥山
0744―54―3561
月休（祝日の場合、翌日）

奈良県立万葉文化館
奈良県明日香村飛鳥
0744―54―1850
水休（祝日の場合、翌日）

犬養万葉記念館
奈良県明日香村岡
0744―54―9300
月休（祝日の場合、翌日。繁忙期は無休）

国営飛鳥歴史公園館
奈良県明日香村平田
0744―54―2441
年末・年始休

高松塚壁画館
奈良県明日香村平田
0744―54―3340
月休（繁忙期は無休）

奈良県立橿原考古学研究所附属博物館
奈良県橿原市畝傍町
0744―24―1185
月休（祝日の場合、翌日）

橿原市千塚資料館
奈良県橿原市川西町
0744―27―9681
月休（祝日の場合、翌日）

奈良文化財研究所都城発掘調査部（飛鳥・藤原地区）展示資料室
奈良県橿原市木之本町
0744―24―1122
土・日・祝日休

天理大学附属天理参考館
奈良県天理市守目堂町
0743―63―8414
火休（祝日の場合、翌日）、8月中旬休

天理市立黒塚古墳展示館
奈良県天理市柳本町
0743―67―3210
月休（祝日の場合、翌日）

桜井市立埋蔵文化財センター
奈良県桜井市芝
0744―42―6005
月・火休、祝日の翌日

法隆寺大宝蔵殿
奈良県斑鳩町法隆寺山内
0745―75―2555
無休

葛城の道歴史文化館
奈良県御所市鴨神
0745―66―1159
月・金休

香芝市二上山博物館
奈良県香芝市藤山
0745―77―1700
月休

森野旧薬園
奈良県宇陀市大宇陀区上新
0745―83―0002
無休

宇陀市立大宇陀歴史文化館
薬の館
奈良県宇陀市大宇陀区上
0745―83―3988
月・火休

山添村歴史民俗資料館
奈良県山添村春日
0743―85―0250
月休（祝日の場合、翌日）、
祝日の翌日

馬見丘陵公園館
奈良県河合町佐味田
0745―56―3851
月休（祝日の場合、翌日）

葛城市歴史博物館
奈良県葛城市忍海
0745―64―1414
月、第2・4火、祝日の翌日休

葛城市相撲館けはや座
奈良県葛城市當麻
0745―48―4611
火・水休（祝日の場合、平日
に振替）

大阪府立近つ飛鳥博物館
大阪府河南町東山
0721―93―8321
月休（祝日の場合、翌日）

太子町立竹内街道歴史資料館
大阪府太子町山田
0721―98―3266
月・火休（祝日の場合、翌日）

京都府立山城郷土資料館
（ふるさとミュージアム山城）
京都府木津川市山城町
0774―86―5199
月休（祝日の場合、翌日）

◆観光協会など

奈良県観光振興課
0742-27-8482
奈良市登大路町

奈良市観光協会
0742-27-8866
奈良市上三条町

天理市観光協会
0743-63-1001
天理市川原城町

橿原市観光協会
0744-20-1123
橿原市八木町

桜井市観光課
0744-42-9111
桜井市粟殿

御所市観光振興課
0745-62-3001
御所市一の三

香芝市商工農産課
0745-76-2001
香芝市本町

葛城市観光協会
0745-48-2811
葛城市長尾

宇陀市商工観光課
0745-82-2457
宇陀市榛原区下井足

斑鳩町観光協会
0745-74-6800
斑鳩町法隆寺

田原本町観光協会
0744-34-2080
田原本町八九〇の一

飛鳥京観光協会
0744-54-2362
明日香村島庄

明日香村役場
0744-54-2001
明日香村岡

高取町観光協会
0744-52-1150
高取町上土佐

吉野山観光協会
0746-32-1007
吉野町吉野山

吉野町観光協会
0746-32-3081
吉野町上市

下市町建設産業課
0747-52-0001
下市町下市

◆宿泊・交通機関など

奈良県旅館・ホテル組合
0742—22—3675

JR西日本お客様センター
（京阪神地区）
0570—00—2486

近鉄旅客案内
テレフォンセンター
（大　阪）
06—6771—3105
（9時〜19時）年中無休
（名古屋）
052—561—1604

奈良交通テレフォンセンター
0742—20—3100

奈良県タクシー協会
0743—57—0073

◆レンタサイクル

明日香レンタサイクル
0744—54—3919
明日香村御園

古都レンタサイクル
0744—54—4508
明日香村越

近鉄サンフラワーレンタサイクル
橿原神宮センター
0744—28—2951
橿原市久米町

桜井センター
0744—43—6377
桜井市桜井

駅リンくん
0742—26—3929
奈良市三条本町

西大寺センター
0742—44—8388
奈良市西大寺国見町

法隆寺センター
0745—74—0047
斑鳩町法隆寺南

法隆寺iセンター
0745—74—6800
斑鳩町法隆寺

フクモトサイクル
0745—75—2251
斑鳩町阿波

レンタサイクル吉本
0743—63—1127
天理市川原城町

古市駅前駐輪場
大阪府羽曳野市古市
0729—58—1111

奈良・万葉の歴史散歩　周辺地図

や

ら

わ

ま

な

は

た

さ

か

索　引

あ

著者略歴

一九一九年　兵庫県に生まれる
一九四三年　京都帝国大学文学部国史学科卒業
大阪市立大学教授、岡山大学教授、相愛大学教授、甲子園短期大学教授を経て
現在　大阪市立大学名誉教授

〔主要著書〕
日本古代国家の構造　持統天皇　日本古代の氏族と天皇　日本古代兵制史の研究　飛鳥奈良時代の研究　万葉集と古代史　古代河内政権の研究　日本古代の氏族と国家　神話と歴史　飛鳥額田王

私の歴史散歩
直木孝次郎と奈良・万葉を歩く　秋冬

二〇〇八年（平成二十）十月一日　第一刷発行

著　者　直木孝次郎《なおきこうじろう》
発行者　前田求恭
発行所　株式会社吉川弘文館
郵便番号一一三―〇〇三三
東京都文京区本郷七丁目二番八号
電話〇三―三八一三―九一五一〈代表〉
振替口座〇〇一〇〇―五―二四四
http://www.yoshikawa-k.co.jp/
印刷＝株式会社平文社
製本＝ナショナル製本協同組合
装幀＝清水良洋

ISBN978-4-642-07992-1

直木孝次郎著

飛　鳥　その光と影

（歴史文化セレクション）

四六判・三二〇頁・原色口絵四頁

２５２０円

万葉の古里〝飛鳥〟は、古代国家建設の槌音と絶え間ない抗争の嘆きの声が交錯する、歴史の舞台である。悠久の星霜にみがかれて人びとを魅了して止まない歴史の舞台を、古代史の碩学が縦横に活写した傑出の飛鳥史。

万葉集と古代史

（歴史文化ライブラリー）

四六判・二〇八頁

１７８５円

万葉集は、古代史の宝庫である。有間皇子・額田王・大伴家持など、白鳳・天平時代を代表する歌人たちの生き方や政治とのかかわりを追究。作者の心理まで立ち入り、日本書紀・続日本紀では窺えない歴史の一面を考える。

持統天皇

（人物叢書）

四六判・三〇二頁

２１００円

父天智・夫天武に次いで即位した白鳳期の女帝。波瀾・苦悩に富む生涯を華やかな時代の上に描き出す。

額　田　王

（人物叢書）

四六判・三六八頁

２３１０円

大海人と中大兄、二人の皇子に愛された『万葉集』女流歌人の生涯。歌の解釈をめぐる諸説を検証する。

神話と歴史

（歴史文化セレクション）

四六判・三一四頁

２４１５円

記・紀編纂の過程で、また歴史教育のなかで、支配者の立場から変形・利用されてきた日本の神話。教育界・歴史学界で論議をよんだ「紀元節」問題や歴史教育への神話導入などに、鋭い批判と、厳しい良心で取組んだ好著。

わたしの歴史遍歴　人と書物

四六判・二七二頁

２９４０円

日本古代史の碩学が、今日の歴史学界を築いてきた人々との出会いとエピソードを交え、その業績を整理する。戦後の代表的な学説に適切な論評を加え基本となる歴史図書を紹介する。これから歴史を学ぶ人の格好の入門書。

日本古代の氏族と国家

A５判・二七〇頁

５７７５円

日本古代史の重要テーマである氏族と国家の関わりをはじめ、東アジアの国際関係、信濃遷都計画、伊勢神宮の成立、古墳と宮跡、木簡、奈良期の地名など、史料を駆使して解明。様々な切り口で新たな古代史像を提示する。

（価格は５％税込）

吉川弘文館